THE BRIDGES OF MADISON COUNTY

廊桥遗梦

Robert James Waller [美国] 罗伯特·詹姆斯·沃勒 —— 著 资中筠 —— 译

译林出版社

图书在版编目（CIP）数据

廊桥遗梦：汉英对照 ／（美）罗伯特·詹姆斯·沃勒（Robert James Waller）著；资中筠译.—南京：译林出版社，2020.8（2025.10重印）
书名原文：The Bridges of Madison County
ISBN 978-7-5447-7293-8

Ⅰ.①廊… Ⅱ.①罗… ②资… Ⅲ.①英语－汉语－对照读物②长篇小说－美国－现代 Ⅳ.①H319.4：I

中国版本图书馆 CIP 数据核字（2020）第 059384 号

著作权合同登记号 图字：10-2019-523 号

廊桥遗梦 ［美国］罗伯特·詹姆斯·沃勒／著 资中筠／译

责任编辑 於 梅
装帧设计 周伟伟
校　　对 戴小娥
责任印制 董 虎

原文出版 Grand Central Publishing, 1995
出版发行 译林出版社
地　　址 南京市湖南路 1 号 A 楼
邮　　箱 yilin@yilin.com
网　　址 www.yilin.com
市场热线 025-86633278
排　　版 南京展望文化发展有限公司
印　　刷 南京爱德印刷有限公司
开　　本 880 毫米 ×1240 毫米 1/32
印　　张 9.125
插　　页 4
版　　次 2020 年 8 月第 1 版
印　　次 2025 年 10 月第 11 次印刷
书　　号 ISBN 978-7-5447-7293-8
定　　价 59.00 元

热潮退后话《廊桥》

在一个极其偶然的情况下应出版社之约翻译了《廊桥遗梦》(直译书名应为《麦迪逊县之桥》),不意这本小书一下子变成了热门畅销书,一时间大有“满城争道”之势。无心插柳却引起了“轰动效应”。现在热潮已退,却有一些由这本小书引发的想法想一吐为快。

我所见到的评论大多着眼于爱情与家庭以及与之有关的价值观。电影我始终没看过,据说更加强调爱情与家庭伦理这一面。似乎很少人注意到书中所表达的另一层思想,那就是对现代市场经济社会的逆反。(根据不可轻易言无的原则,我不敢肯定一定没有,因为我并未到处收集评论,看到的大多是热心朋友剪寄的。)男主人公罗伯特·金凯德就是这一逆反的化身。他的一切言论、行为都在竭力挣脱市场化了的世俗的枷锁,追求归真返璞。作者借金凯德之口有一段简练而精彩的关于市场扼杀艺术的讲话,里面有许多警句。他摄影时所追求的是反映他自己独特的精神、风格的东西,他要设法从形象中找到诗,但是这不合编辑的口味,因为编辑想到的是大多数读者,是市场。下面一段话十分精辟:

这就是通过一种艺术形式谋生所产生的问题。人总是跟市场打交道，而市场——大众市场——是按**平均口味**(重点是本文作者所加，下同)设计的。数字摆在那里，我想现实就是如此。但是正如我所说的，这可能变得非常束缚人。……

以后我准备写一篇题为《业余爱好的优点》的文章，专门写给那些想以艺术谋生的人看。**市场比任何东西都更能扼杀艺术的激情**。对很多人来说，那是一个以安全为重的世界。他们要安全，杂志和制造商给他们以安全，给他们以同一性，给他们以熟悉、舒适的东西，不要向他们提出异议。

利润、订数以及其他这类玩意儿统治着艺术。我们都被鞭子赶着进入那个千篇一律的大轮盘。

营销商总是把一种叫作“消费者”的东西挂在嘴上。这东西在我心目中的形象就是一个矮胖子，穿着皱巴巴的百慕大短裤，一件夏威夷衬衫，戴一顶挂着开酒瓶和罐头的起子的草帽，手里攥着大把钞票。

在另一处，金凯德提到了现代科技和高度组织化的社会使人在精神和肉体上都退化了。在“旧世界”里，人强壮而敏捷，敢作敢为，吃苦耐劳，勇敢无畏。而今电脑和机器人终将统治一切。人类操纵机器，但不需要勇气和力量，也不需要上述那些特质。“事实上，人已经过时了，无用了。”连性爱都可以用科学来代替。组织起来的社会、矫饰的感情、效率、效益等等使人失去自由驰骋的天地。更有甚者，人类通过破坏大自然和发明自相残杀的新武器正在毁灭自己。

我认为这是在那个爱情故事背后贯穿全书的思想。罗伯特·金凯德其人也是按这样一种理想塑造出来的。这种思想推向极致，就产生了《从零度空间坠落》这篇近乎荒诞派的文章，金凯德把自己想象成原始人，进而一直退化到生命起源之前。其实，艺术与谋生的矛盾、市场对艺术激情的扼杀，差不多已是共识，中外皆然。而且这种哀叹非自今日始，不过于今为烈。任何生活在现代的人只要打开收音机、电视机，或者到商场走一圈自然有体会。每当参观中外艺术博物馆时我都有这种想法：而今而后，人类还会创作出这么美、这么精致的艺术吗？主观上还有这个耐心，客观上还允许这样从容吗？

近两年我相继参观了两次新建的上海博物馆，那神妙的三千年前的青铜器使我的心灵战栗，而在玉器馆中我更进一步发现，真正产生震撼力的、美不可言的艺术都产生于商周时代！过去每见到这类古代文物总不免肃然起敬，惊叹我中华民族之早慧，但是没有那样突出地感到早期艺术之不同于后代。上海博物馆的精巧灯光和得法陈列，使观众能尽情地细细欣赏每一件陈列品，因而突出地觉察到时代的差异。在那里，处于20世纪末的我特别为公元前数个世纪的艺术家（那时有这一称号吗？）那种永不可再的纯真、朴实而又充满想象力的艺术激情所震动。与方今由西方传入的那种故作粗拙以示返璞的风格不同，那种艺术在工艺上也是相当精致的。后世艺术家提倡师法造化，我想那时的人就生活于其中，与大自然浑然一体，那种本能的感受自非今人可比。汉以后，特别是东汉以后，渐趋雕琢、烦琐，离自然越来越远，清朝的叠床架屋和刻意雕琢就匠气十足了。这里的区别在于创作的动力是自发的还是为满足别人的需要，即使不是面向广大的市场也是为了取悦宫廷贵族。这里指手工艺品。至于书法绘画，一直到近古多半还是文人自娱之作，既不是为出售谋生，也不是为献给王侯，所以情况又有所不同。这里不是要讨论艺术史，我也没有这个资格。我要说的只是在上海博物馆，特别是在玉器馆的感受。这感受与《廊桥遗梦》中金凯德的议论和追求是一致的。我在另一篇文章中提到过，中国这样一部辉煌的文学史（不包括现当代）中的作品，特别是诗词部分，大多是读书人官场失意后的业余之作，而且绝不是出于卖文为生的需要，才见真性情。罗伯特·金凯德没有中国士大夫那样的条件，他为追求自己的创作自由，把生活降到贫困线以下，最后潦倒以终。在高度发达的市场经济中也只能如此。

另一个问题是科技高度发达是否会，或者已经造成人的异化和退化。一切用机器人、电脑来完成，人将不人：不但失去了个性、激情和艺术创造力，而且体魄弱化，智力也被扭曲，进而退化。可能有极少数的天才不断发明出各种代替人力、人脑的新玩意儿，而操作这些玩意儿所需要的智力却越来越简单、低下。“傻瓜”照相机的命名十分能说明问题。少数发明者的智慧也日益狭隘，在激烈的市场竞争中跟着一个大轮盘转，越转越快，身不由己：沿着命定的轨道不断发明创新本身就成了目的，对人类是祸是福或者来不及细想，或者细想下也无法控制。在这种情况下，古代先哲的“究天人之际，通古今之变”的深邃智慧和拥抱自然的博大胸怀还能再有吗？今世能出现比尔·盖茨，但还会产生苏格拉底、亚里士多德以及中国的先秦诸子吗？马克思所设想的共产主义社会是生产力和人的道德智慧都高度发达的社会，因此人只需要花很少的时间谋生，而有充分的自由和时间来从心所欲地从事艺术创造。也许目前这个阶段是人类通向那个美好境界所必经的。但愿在这个过程中人没有异化成非人，人类以及地球上其他族类的生存条件没有被人类自己破坏掉。当然这种杞人忧天不论是否有根据都是无能为力的。人类还是会争先恐后地不断发明征服自然和征服自己的手段，跟着那个大轮盘转，像《红舞鞋》里的舞人一样一直转下去，无法停下来。不论儿童是多么纯真可爱，童年是多么值得留恋，人总要长大乃至衰老，这是无法抗拒的。因此金凯德这样的典型只能是“正在消失的物种”。

书中的爱情故事如果单从弗朗西丝卡的角度看，不算新鲜：一个嫁到边远小镇、本性有点浪漫气质的少妇，生活平静而乏味，丈夫善良而不解风情。她因某种机遇被激发起了潜藏的激情，圆了少女时代的梦。这个故事与福楼拜的《包法利夫人》、辛克莱·路易斯的《大街》等等异曲同工。但是从罗伯特·金凯德的角度看，就有其独特之处了，是与上述的思路相一致的。那是一种摆脱一切世俗观念，还原到人的最初本性，纯而又纯，甚至带有原始野性的激情。天上人间只此一遭，如宇宙中两个粒子相撞，如果失之交臂，就亿万斯年永不再遇。作者调动了一切想象力塑造出这样一个“最后的牛仔”，他与这高度组织化的市场社会格格不入，处处要反其道而行，包括对爱情。这样一种爱情注定是神龙见首不见尾的。即使撇开弗朗西丝卡的家庭责任感不谈，能够想象她跟金凯德私奔，然后两个人一起过日子乃至白头偕老吗？那金凯德还成其为金凯德吗？这就像林黛玉与贾宝玉终成眷属、子孙满堂一样无法想象。每个故事都有它自己的意境和规律，甚至不以作者的意志为转移。

我想如果这本小书有一定的魅力的话，就在于作者以独特的手法通过金凯德其人表达了对现代社会的逆反心理和追求归真返璞的情怀。

译者

一九九七年

献给远游客

目　录

开　篇

从长满“蓝眼草”的花丛中，从千百条乡间道路的尘埃中，常有关不住的歌声飞出来。本故事就是其中之一。一九八九年的一个秋日下午后半时，我正坐在书桌前注视着眼前电脑屏幕上闪烁的光标，电话铃响了。

线路那一头讲话人是一个原籍艾奥瓦州名叫迈克尔·约翰逊的人。现在他住在佛罗里达，说是艾奥瓦的一个朋友送过他一本我写的书，他看了，他妹妹卡罗琳也看了，他们现在有一个故事，想必我会感兴趣。他讲话很谨慎，对故事内容守口如瓶，只说他和卡罗琳愿意到艾奥瓦来同我面谈。

他们竟然准备为此费这么大劲，倒引起了我的好奇心，尽管我一向对这类献故事的事抱怀疑态度。于是我同意下星期在得梅因见他们。在机场附近的一家假日旅馆中寒暄过后，尴尬的局面缓和下来，他们两人坐在我对面，窗外夜幕渐渐降临，正下着小雪。

他们让我做出承诺：假如我决定不写这故事，那就绝对不把一九六五年在麦迪逊县发生的事以及以后二十四年中发生的与此有关的任何情节透露出去。行，这是合理的要求。毕竟这故事是属于他们的，不是我的。

于是我就注意倾听，全神贯注地听，也问一些难以回答的问题。他们只管讲，不断地讲下去，卡罗琳几次不加掩饰地哭了。迈克尔强忍住眼泪。他们给我看了一些文件、杂志剪页和他们的母亲弗朗西丝卡的一部分日记。

客房服务员进来又出去，一遍一遍添咖啡。随着他们的叙述我开始看到一些形象，先得有形象，言语才会出来。然后我开始听到言语，开始看见这些言语形诸文字。大约到夜半刚过时分，我答应把这故事写下来——至少试试看。

他们下决心把这故事公之于众，对他们不是一件轻易的事。情况很微妙，事关他们的母亲，也触及他们的父亲。迈克尔和卡罗琳承认，把故事讲出来很可能引起一些粗俗的闲言碎语，并且使约翰逊夫妇在人们心目中留下的印象遭到无情的贬损。

但是他们认为，在千金之诺似已粉碎、爱情只不过是逢场作戏的方今之世，这样一个不寻常的故事还是值得讲出来的。我当时就相信这一点，现在更加坚信不疑，他们的估计是正确的。

在我研究和写作的过程中，又要求会见过三次迈克尔和卡罗琳。每次他们都毫无怨言地到艾奥瓦来，因为他们切望这个故事能得到准确的叙述。有时我们只是谈，有时我们缓缓驱车上路，由他们指给我看那些在故事中占一席之地的场所。

除了迈克尔和卡罗琳的帮助之外，我以下要讲的故事的依据是：弗朗西丝卡·约翰逊的日记、在美国西北地区特别是华盛顿州的西雅图和贝灵厄姆做的调查、在艾奥瓦州麦迪逊县悄悄进行的寻访、从罗伯特·金凯德的摄影文章中收集到的情况、各杂志编辑提供的帮助、摄影胶卷和器材制造商提供的细节，以及同金凯德的故乡俄亥俄州巴恩斯维尔几位神奇的老人的长谈——他们竟还记得金凯德的童年。

尽管做了大量调查，还是有许多空白点，在这种情况下，我运用了一些想象力，不过只是在我作出合理的判断时才这样做。这判断力来自我通过调查研究对金凯德与弗朗西丝卡的深刻了解。我确信我对实际发生的事已了解得差不多了。

有一个空白点是关于金凯德横穿美国北部的旅行详情。根据随后陆续发表的一系列摄影图片、弗朗西丝卡·约翰逊日记中简短的提及以及他本人给一个杂志编辑的亲笔短笺，我们知道他确实做了这次旅行。以这些材料为线索，我沿着我认为是金凯德一九六五年八月从贝灵厄姆到麦迪逊县的路线做了一次旅行，在行程终了时，我觉得自己在很多方面变成了罗伯特·金凯德。

不过，想要抓住金凯德其人的本质，还是我写作和研究中最大的难题。他是一个让人捉摸不透的人物。有时好像很普通，有时又虚无缥缈，甚至像个幽灵。他的作品表现出精美绝伦的专业修养。然而他把自己看成一种在一个日益醉心于组织化的世界中正在被淘汰的稀有雄性动物。他有一次谈到他头脑中时光的“残酷的哀号”。弗朗西丝卡·约翰逊形容他生活在“一个奇异的、鬼魂出没的、远在达尔文进化论中物种起源之前的世界里”。

还有两个吸引人的问题没有答案：

第一，我们无法确定金凯德的摄影集的下落。从他的工作性质来看，一定有成千上万帧照片，却从来没有找到。我们猜想——而这是符合他对自己和自己在这个世界上的地位的看法的——他在临终前都给销毁了。

第二个问题是关于他一九七五年到一九八二年这段时期的生活。能得到的情况极少。我们只知道他有几年在西雅图靠肖像摄影勉强维持生活，并且继续不断地拍摄皮吉特海湾。此外就一无所知。有一点有意思的是，所有的社会保险部门和退伍军人机构寄给他的信都有他的笔迹写的“退回寄信人”，给退了回去。

准备和写作这本书的过程改变了我的世界观，使我的思维方式发生了变化，最重要的是，减少了我对人际关系可能达到的境界所抱有的愤世观。通过我的调查研究结识了弗朗西丝卡·约翰逊和罗伯特·金凯德之后，我发现人际关系的界限还可以比我原以为的更加拓展。也许你读这本书的过程中也会有同样的体验。

可这不是一件容易的事。在一个日益麻木不仁的世界上，我们的知觉都已生了硬痂，我们都生活在自己的茧壳之中。伟大的激情和肉麻的煽情之间的分界线究竟在哪里，我无法确定。但是我们往往倾向于对前者的可能性嗤之以鼻，给真挚的深情贴上自作多情的标签，这就使我们难以进入那种柔美的境界，而这种境界是理解弗朗西丝卡·约翰逊和罗伯特·金凯德的故事所必需的。我知道我自己必须先克服原来那种倾向，才能开始动笔。

不过，如果你在读下去的时候能如诗人柯勒律治所说，暂时收起你的不信，那么我敢肯定你会感受到与我同样的体验。在你冷漠的心房里，你也许竟然会像弗朗西丝卡·约翰逊一样，发现又有了能翩翩起舞的天地。

一九九一年夏

廊桥遗梦

罗伯特·金凯德

一九六五年八月八日早晨，罗伯特·金凯德锁上了他在华盛顿州贝灵厄姆一栋杂乱无章的房子里三层楼上两居室公寓的门，拎着一只装满了照相器材的背包和一个衣箱走下楼梯，穿过通向后门的过道，他那辆旧雪佛兰小卡车就停在住户专用的停车场上。

车里已经有另一只背包、一个中型冷藏箱、两个三脚架、好几条骆驼牌香烟、一个暖水瓶和一袋水果。车厢里有一只吉他琴匣。金凯德把背包放在座位上，把冷藏箱和三脚架放在地上。他爬进车厢，把吉他琴匣和衣箱挤到一角，跟旁边一个备用车胎系在一起，用一条晾衣绳把衣箱、琴匣和车胎紧紧捆牢，在旧车胎下塞进了一块黑色防雨布。

他坐进方向盘后面，点起一支骆驼牌香烟，心里默默清点一遍：两百卷各种胶卷（多数是柯达慢速彩卷）、三脚架、冷藏箱、三架相机、五个镜头、牛仔裤、卡其布短裤、衬衫、照相背心。行了，其他东西如果忘了带，他都可以在路上买。

金凯德穿着褪色的李维斯牌牛仔裤、磨损了的红翼牌野地靴、卡其布衬衫、橘色背带，在宽宽的皮带上挂着一把带刀鞘的瑞士军刀。

他看看表，八点十七分。第二次点火时卡车开始发动，倒车、换挡，在雾蒙蒙的阳光下缓缓驶出小巷。他穿过贝灵厄姆的街道，在华盛顿州第十一号公路上向南驶去，沿着皮吉特海岸线走上几英里，然后顺着公路稍向东转，与第二十号国道相交。

现在他朝着太阳驶去，开始了穿越喀斯喀特山脉的漫长而曲折的路程。他爱这片国土，从容不迫地走着，不时停下来作一点笔记，记下将来有可能值得再来的地点，或者拍下一些他称之为“记忆快照”的照片。这些照片的目的是提醒他有些地方他可能还想重游，作更认真的采访。傍晚时分他在斯波坎向北转上了第二号国道，这条国道可以穿过美国北部一半路程到达明尼苏达州的德卢斯。

他一生中曾千百次私心窃望有一条狗。或许是一条金色的猎狗，可以伴他作这样的旅行，并且在家里给他做伴。但是他经常外出，多数是到国外，这对狗来说太不公平。不过他总是想着这件事。再过几年，他就要老了，不能再从事这种艰苦的野外作业了。“到那时我也许要弄条狗来。”他向车窗外排排退去的绿树说道。

这种驱车旅行总是使他进入思前想后的状态，对狗的念想也是其中一部分。罗伯特·金凯德是名副其实的孑然一身——独生子，父母双亡，几个远亲早已失去联系，没有亲密的朋友。

他知道贝灵厄姆街角市场老板和他购买照相器材的那家商店的老板的名字。他还同几家杂志的编辑有着正式的业务关系。除此之外，没有什么他熟悉的人，人们也不熟悉他。普通人很难同吉卜赛人交朋友，他有点像吉卜赛人。

他想到玛丽安。她同他结婚五年之后离开了他，已有九年了。他现在五十二岁，那她就是刚好不到四十岁。玛丽安梦想成为音乐家，做一名民歌手。她会唱所有韦弗作的歌曲，在西雅图的咖啡馆里唱得不错。往日里，他在家的时候常驱车把她送到爵士乐演奏会上，坐在听众席上听她唱。

他长期外出——有时一去两三个月——使婚姻生活很艰难，这点他知道。当初他们决定结婚时，她是知道他的工作的，他们隐隐约约觉得可以设法处理好。结果不行。一次他从冰岛摄影回来，她不在了。纸条上写着："罗伯特，没能成功。我把那把哈莫尼牌吉他留给你。保持联系。"

他没和她保持联系，她也没有。一年以后离婚协议书寄到，他签了字，第二天就搭上一班飞机到澳大利亚去了。她除了要自由之外，什么要求也没提。

深夜他到达蒙大拿州的卡利斯佩尔，在那里过夜。"惬意旅舍"看上去不贵，也的确不贵。他把他的装备带进一间房间，房间里有两座台灯，其中一座灯泡烧坏了。他躺在床上读《非洲的青山》，喝一杯啤酒，能闻出当地造纸厂的味道。早晨起来跑步四十分钟，做五十个俯卧撑，把相机当作小举重器完成日常锻炼的功课。

他驶过蒙大拿的山顶进入北达科他州，那光秃秃的平原对他来说和群山、大海一样引人入胜。这个地方有一种特别朴实无华的美，他几次驻足，架起三脚架，拍摄了一些农舍的黑白照片。这里的景物特别能满足他喜欢简洁线条风格的口味。印第安人的保留地使人有压抑感，其原因人人皆知而又无人理会。不过华盛顿州西北部，或其他任何他见过的地方的这类保留地，都不比这里好多少。

八月十四日早晨，离开德卢斯两小时之后，他插向东北，上了一条通向希宾那些铁矿山的后路。空气中红色尘土飞扬，那里有专为把矿砂运上苏必利尔湖图哈伯斯的货船而设计的大型机器和特制火车。他花了一下午时间巡视希宾，觉得不喜欢那个地方，尽管这里出了个鲍勃·齐默曼-迪伦。

他唯一喜欢过的迪伦的歌是《北方来的姑娘》。他会弹唱这支歌，他哼着这支歌的歌词驶离这到处挖着巨大红土坑的地方。玛丽安教他弹奏几种和弦和一些基本的琶音来为自己伴奏。有一次，在亚马孙河谷某处一家名叫麦克尔罗伊的酒吧中他对一个醉醺醺的轮船驾驶员说："她留给我的比我留给她的要多。"这确是事实。

苏必利尔国家森林风光宜人，的确很宜人。当年皮货行脚商之乡。他年轻时候曾希望行脚商的时代没有过去，那他就也可以成为一名行脚商。他驶过草原，看见三只麋鹿、一只红狐狸，还有许多鹿。他在一汪池水边停下来，拍摄一些奇形怪状的树枝在水中的倒影，拍完以后，坐在卡车的踏板上喝咖啡，吸一支骆驼牌香烟，聆听白桦树间的风声。

"有个伴多好，一个女人，"他望着吐出的烟吹向池面，心里这样想，"人老了就陷入这种思想状态。"但是他这样长年在外，留在家里的人太苦了，这点他已有体会。

他留在贝灵厄姆家中的时间里，间或同一家西雅图广告公司的颇有才气的女导演约会。他是在一次合作项目中遇到她的。她四十二岁，聪明，好相处,但是他不爱她,永远不可能爱上她。

不过有时他们两人都感到寂寞,就一起度过一晚,看场电影,喝几杯啤酒,然后不失体统地做爱。她一直住在当地,结过两次婚,上大学时曾在几家酒吧间当过服务员。毫无例外地,每次他们做过爱躺在一起时,她总是对他说:“你是最棒的,罗伯特,没人比得上你,连相近的也没有。”

他想男人一定喜欢听这样的话,但是他自己没有多少经验,无法知道她是不是在说真话。但是她有一次确实说了一些使他萦绕于怀的话:“罗伯特,你身体里藏着一个生命,我不够棒,不配把它引出来,我力量太小,够不着它。我有时觉得你在这里已经很久很久了,比一生更久远,你似乎曾经住在一个我们任何人连做梦也梦不到的隐秘的地方。你使我害怕,尽管你对我很温柔。如果我和你在一起时不挣扎着控制自己,我会觉得失去重心,再也恢复不过来。”

他含糊地懂得她指的是什么,但是他自己也抓不住。从他在俄亥俄一个小镇上成长起来的孩提时代,他就有这种漫无边际的思想,一种难耐的渴望和悲剧意识与超强的体力和智力的结合。当其他的孩子唱着《摇啊摇,摇小船》时,他已在和着法国歌舞厅歌曲的曲调学那英文歌词了。

他喜欢文字和形象,“蓝色”是他最喜欢的词之一。他喜欢在说这个词时嘴唇和舌头的感觉。他记得年轻时曾想过语言可以带来肉体上的感觉,不仅是说明一个意思而已。他还喜欢另一些词,例如“距离”、“柴烟”、“公路”、“古老”、“过道”、“过客”和“印度”,喜欢它们的声音、味道和在他脑海中唤起的东西。他把他喜欢的词列出单子贴在房间里。

然后他把这些词缀成句子也贴在墙上：

离火太近。

我同一小股旅行者一起从东边来。

可能救我者和可能卖我者不停的喊喊喳喳声。

护身符，护身符，请把玄机告诉我。
掌舵手，掌舵手，请你送我回家转。

赤条条躺在蓝色鲸鱼游水处。

她祝愿他如冒汽的火车驶离冬天的车站。

在我变成人之前，我是一支箭——很久以前。

还有就是一些他喜欢的地名：索马里河流、大哈奇特山、马六甲海峡以及一长串其他的地名。终于他的房间四壁都贴满了写着字、词、句和地名的纸张。

连他母亲也已注意到他有些与众不同。他三岁以前一个字也没说过，然后就整句、整句地说话了，到五岁时已经能看书，而在学校里是个不专心听讲的学生,让老师们感到泄气。

老师们看了他的智商,跟他谈成就,谈他有能力做到的事,说他想成为什么人都可以做到。有一位中学老师在他的鉴定上这样写道:“他认为‘智商测验不是判断人的能力的好办法,因为这些测验都没有说明魔法的作用,而魔法就其本身和作为逻辑的补充,都有自己的重要性’。我建议找他家长谈谈。”

他母亲同几位老师会过面。当老师们谈到罗伯特不开口的犟脾气同他的能力成对比时,他母亲说:“罗伯特生活在他自己缔造的天地里。我知道他是我的儿子,但我有时有一种感觉,好像他不是从我和我丈夫身上来的,而是来自另外一个他经常想回去的地方。感谢你们对他的关心,我要再次努力鼓励他在学校表现好一点。”

但是他还是我行我素,读遍了当地图书馆有关探险和旅游的书籍,感到心满意足,除此之外就关在自己的小天地里,一连几天待在流过村头的小河边。对舞会、橄榄球赛这些事感到厌倦,不屑一顾。他经常钓鱼、游泳、散步,躺在高高的草丛里聆听他想象中只有他能听到的远方的声音。“那边有巫师,”他常自言自语说,“如果你保持安静,侧耳倾听,他们是存在的。”这时他常常希望有一只狗共享这些时光。

没钱上大学,也没有这个愿望。他父亲工作很辛苦,对他们母子也很好。但是在活塞厂的工资余不下什么闲钱干别的,包括养一条狗。他十八岁时父亲去世了,当时大萧条正无情袭来。他报名参军以糊口和养活母亲。他在军队里待了四年,而这四年改变了他的一生。

军队里的想法常令人摸不透。他被分配去当摄影师助手，尽管他那时对往相机里上胶卷都毫无概念。但是就在这项工作中他发现了自己的业务专长。技术细节对他来说十分容易。不出一个月，他不但为两个随军摄影师做暗房洗印工作，而且也获准自己拍摄一些简单的照片。

其中一位摄影师吉姆·彼得森很喜欢他，额外花时间教给他一些深奥的摄影艺术。同时，罗伯特·金凯德从蒙茅斯堡的图书馆借出摄影和美术书籍来学习钻研。很早，他就特别喜欢法国印象派和伦勃朗对光的处理法。

后来，他开始发现他摄影是拍摄光，而不是物件。物件只是反映光的媒介。如果光线好，总可以找到可拍摄的物件。当时35毫米的相机刚刚出现，他在当地一家相机店买了一架旧徕卡，带着它到新泽西州的开普梅，把假期中的一个星期花在沿海岸线写生摄影上。

另一次他乘公共汽车到缅因州，然后一路搭车到海边，赶上清晨从斯托宁顿的高岛开出的邮船，野营露宿，又摆渡穿过芬迪湾到新斯科舍。他二十二岁离开军队时已是一名相当不错的摄影师，在纽约找到一份工作，做一位著名时装摄影师的助手。

女模特都很漂亮，他同几个有过几次约会，影影绰绰爱上了其中一个，后来她到巴黎去了，他们就此分道扬镳。她对他说："罗伯特，我不知道你是谁，是什么人，不过请你到巴黎来看我。"他说他会去的，说的时候也真是这么想的，但终于没有去。多年之后，他到诺曼底做专题拍摄，在巴黎电话簿上找到了她的名字，打了个电话，两人在一家露天咖啡馆喝了杯咖啡。

她当时已同一位电影导演结了婚，有三个孩子。

他无法对时装这种观念产生好感。好好的新衣服给扔了，或者急急忙忙按照欧洲时装独裁者们的指令重新改过，这在他看来太傻了，他觉得拍摄这些是贬低了自己。“作品如其人。”这是他离开这一工作时说的话。

他到纽约的第二年母亲去世。他回俄亥俄安葬了母亲，然后坐在一名律师面前听读遗嘱。没有多少东西，他也没抱任何指望。但是他意外得知，他的父母婚后在富兰克林街住了一辈子的那所小屋居然是付清了抵押的一小笔财产。他把那小屋卖了，用那笔钱买了一套上好的照相器材。他付款给售货员时心里想着他父亲为积攒这笔钱多少年的辛勤劳动，还有他父母一生过的节衣缩食的生活。

他有些作品开始在几家小杂志上发表了，然后，接到《国家地理》杂志的电话，他们看到他拍摄的一幅取景于开普梅的日历图片。他同他们谈了话，接受了一个不太重要的任务，完成得很出色，他从此出道。

军队在一九四三年又召他入伍。他肩上晃荡着相机，随海军陆战队艰苦跋涉直到南太平洋海滩，仰卧在地上拍摄正从两栖登陆艇出来的士兵。他在他们脸上看到了恐惧，感同身受。他看到他们被机枪射成两半，看到他们祈求上帝和母亲救救他们。他把这些都拍了下来，自己得以幸存，但是从来没有被战地摄影的所谓荣耀和浪漫吸引住。

他于一九四五年退伍，同《国家地理》杂志通了电话，他们随时都欢迎他。他在旧金山买了一辆摩托车，向南骑到大瑟尔，在海滩上同一个从卡梅尔来的低音提琴手做爱，然后向北转去探察华盛顿州。他喜欢那个地方,就把它作为基地了。

现在,到了五十二岁,他还在观察光线。童年时代贴在墙上的地方大部分都已去过了。当他访问这些地方的时候,或是坐在拉弗尔斯酒吧里,或是在一条嘎嘎作响的船里溯亚马孙河而上,或是骑在骆驼背上摇摇晃晃走过拉贾斯坦的沙漠区时,常常感到不可思议,怀疑自己是否真的到了那里。

他觉得苏必利尔湖真是名不虚传。他记下了几处地点以为将来参考,拍了一些照片以便随后追记当时的印象,然后沿密西西比河南下向艾奥瓦驶去。他从未到过艾奥瓦,被它东北部沿这条大河的丘陵地迷住了。他在克莱顿的小镇住下,在一家渔夫开的汽车旅馆下榻,用两个早晨拍摄那些拖轮,应一个他在当地酒吧结识的舵工之请,在一艘拖船上度过了一个下午。

他插入六十五号国道,于一九六五年八月十六日一个星期一的清晨穿过得梅因,向西转到艾奥瓦第九十二号公路,直奔麦迪逊县和那几座廊桥。据《国家地理》杂志称,那些桥就在麦县。的确是在那里,德士古加油站的人如是说,并且指给他所有七座桥的方向,不过只是大致的方向。

他画出了拍摄路线,前几座桥比较好找,而第七座叫作罗斯曼的桥一时找不到。天气很热,他很热,哈里——他的卡车——也很热,他在砾石路上转悠,这些路好像除了通向下一条砾石路之外没有尽头。

他在国外旅行的座右铭是"问三次路",因为他发现三次回答即便都是错的也能逐步把你引上你要去的地方。在这里也许两次就够了。

一个信箱渐渐映入眼帘,是在一条约一百码长的小巷口,信箱上的名字是“理查德·约翰逊,乡邮投递2号线”。他把车放慢,转向小巷,想问问路。

当他缓缓驶进场院时,只见一个女人坐在前廊下,那里看起来很清凉,她正在喝着什么看起来更加清凉的东西。她离开游廊向他走来。他下了车,望着她,近些,更近些。她风姿绰约,或者曾经一度如此,或者可能再度如此。他立刻又开始有那种手足无措的感觉,他在女人面前总有这种窘态,即使那女人对他只是隐约有些微吸引力。

弗朗西丝卡

深秋时分是弗朗西丝卡生日的季节，冷雨扫过她在南艾奥瓦乡间的木屋。她凝视着雨，穿过雨丝望见沿中央河边的山冈，心中想着理查德。他八年前就是在同样的冷雨秋风中去世的，那夺去他生命的病名她还是不记得为好。不过弗朗西丝卡此刻正想着他，想着他的敦厚善良，他稳重的作风，和他所给予她的平稳的生活。

孩子们都打过电话来了。他们今年还是不能回家来跟她过生日，虽然这已是她六十七岁生日了。她能理解，一如既往，今后也如此。他们两人都是正在事业中途艰苦奋斗，一个在管理一家医院，一个在教书。迈克尔正在他第二次婚姻中安顿下来，卡罗琳则在第一次婚姻中挣扎。他们两个从来不设法安排在她生日的时候来看她，这一点却使她私下里感到高兴。因为她保留着自己过这个日子的仪式。

这天早晨温特塞特的朋友们带了一个蛋糕过来坐了坐。弗朗西丝卡煮了咖啡。谈话随便地流淌过去，从孙儿辈到小县逸事，到感恩节，到圣诞节该给谁买什么。客厅里轻声笑语时起时伏，亲切的气氛给人以慰藉。这使弗朗西丝卡想起她为什么在理查德死后还在这里住下来的一个小小的理由。

迈克尔竭力劝她去佛罗里达，卡罗琳要她去新英格兰。但是她留在了南艾奥瓦的丘陵之中这片土地上，为了一个特殊的原因保留着老地址。她很高兴自己这么做了。

弗朗西丝卡中午把朋友们送走了。他们开着别克和福特车驶出小巷，转入县柏油公路，向温特塞特方向奔驰而去，雨刷来回拭去车窗上的雨水。他们是好朋友，不过他们绝不会理解她内心深处的想法，即使她告诉他们，也不会理解。

她的丈夫在战后把她从那不勒斯带到这个地方时说她会在这儿找到好朋友的。他说："艾奥瓦人有各种弱点，但是绝不缺乏对人的关心。"这句话过去和现在都是对的。

他们认识时她二十五岁，大学毕业了三年，在一家私立女子中学教书，生活漫无目的。当时大多数意大利青年不是在战俘集中营中或死或伤，就是在战争中身心俱残。她曾和一位大学艺术系教授尼科洛有过一段恋情。他白天整天作画，夜间带她到那不勒斯的地下娱乐区去兜风，疯玩一阵。这件事一年后结束，决定性的因素是她传统观念较深的父母越来越不赞成。

她在黑头发上系着缎带，恋恋不舍自己的梦。但是没有帅气的海员上岸来找她，也没有声音从窗下街头传进来。严酷的现实迫使她认识到自己的选择有限。理查德提供了另一种合理的选择：待她好，还有充满美妙希望的美国。

他们坐在地中海阳光下的一家咖啡馆里，她仔细打量了一身戎装的他，他正以美国中西部人特有的恳切的目光看着她，于是她就跟他到艾奥瓦来了。来到这里，为他生儿育女，在寒冷的十月之夜看迈克尔打橄榄球，带卡罗琳到得梅因去买参加舞会的衣裳。每年同在那不勒斯的姐妹通几次信，在她父母相继去世时回过两次那不勒斯。但现在麦迪逊县已是她的家，她不想再回去了。

下午雨停了，而近黄昏时分又下了起来。在薄暮中弗朗西丝卡倒了一杯白兰地，然后打开理查德的卷盖式书桌的最后一个抽屉。这胡桃木制的家具已经传了三代了。她拿出一个牛皮纸信封，用手慢慢在上面拂拭，年年此日她都是这么做的。

邮戳上的字是："65.9.12，华盛顿州，西雅图。"她总是先读邮戳，这是仪式的一部分。然后读手写的收信人地址："艾奥瓦，温特塞特，乡邮投递2号线，弗朗西丝卡·约翰逊。"下一步是寄信人地址，在左上角潦草的几笔："华盛顿州，贝灵厄姆，642号信箱。"她坐在靠窗的椅子里，看着地址，全神贯注。因为信封里面是他的手的动作，她要回味那二十二年前这双手在她身上的感觉。

在她能感觉到他的手触摸她时，就打开信封，小心翼翼地拿出三封信、一份短文手稿、两张照片、一期完整的《国家地理》和从这份杂志其他期上剪下的散页。在逐渐消失的暮霭中她啜着白兰地，从眼镜框上边看着钉在打字机手稿上的一封短笺。信写在他本人专用的信纸上，信的开头只有简单的几个印刷体字:“罗伯特 · 金凯德,摄影家,作家。”

亲爱的弗朗西丝卡:

附上两张照片。一张是在牧场上日出时刻我给你照的,希望你跟我一样喜欢它。另外一张是罗斯曼桥,你钉在上面的小条我还没有取下。

我坐在这里,在我的脑海中搜索我们一起度过的时光的每一个细节,每时每刻。我一遍又一遍问我自己:“我在艾奥瓦的麦迪逊究竟遇到了什么事?”我努力想把它想清楚。所以我才写下了附给你的这篇短文《从零度空间坠落》,以此来清理我困惑的思路。

我从镜头里望出去,镜头终端是你;我开始写一篇文章,写的又是你。我简直不清楚我是怎么从艾奥瓦回到这里来的。这辆旧卡车好歹把我驮了回来,但是我几乎完全想不起来中间经过的路程。

几星期之前,我还感觉自己很有自制力,也相当满足。也许内心深处并不快活,也许有些寂寞,但是至少是满足的。现在这一切都改变了。

现在很清楚,我向你走去,你向我走来已经很久很久了。虽然在我们相会之前谁也不知道对方的存在,但是在我们浑然不觉之中有一种无意识的注定的缘分在轻轻地吟唱,保证我们一定会走到一起。就像两只孤雁在神力的召唤下飞越一片又一片广袤的草原,多少年,几生几世,我们一直都在互相朝对方走去。

那条路真是奇怪的地方。我正开车颠来晃去时,抬头一看,就在那八月里的一天，你穿过草地向我走来。回想起来，好像这是必然的——不可能是另一样——这种情况我称之为极少可能命中的高概率。

于是我现在内心里装着另外一个人到处走。不过我觉得我们分手那一天我的说法更好：从我们两个人身上创造出了第三个人。现在那个实体处处尾随着我。

不论怎样，我们必须再见面，不管是何时何地。

你无论有何需要，或者只是想见见我时，就给我打电话。我将立时三刻到来。如果任何时候你能到这里来，请告诉我，机票钱若有问题，我可以安排。我下星期到印度东南部去，不过十月底就回到这里。

我爱你。

罗伯特

一九六五年九月十日

又及：在麦县拍的那组照片效果很好，你可在明年的《国家地理》上找。如果你要我寄给你刊登这组照片的那一期，请告诉我。

弗朗西丝卡·约翰逊把白兰地杯子放在宽阔的橡木窗台上，凝视着一张自己的8英寸×10英寸的照片。有时她很难回忆起自己二十二年前长得什么样。她倚在一根篱笆桩上，穿着褪色的牛仔裤、凉鞋、白色圆领衫，头发在晨风中飘起。

她从坐的地方的那扇窗望出去，可以看到那根篱笆桩。牧场周围还是原来的旧篱笆。理查德死后她把地租出去时，曾明文规定牧场必须保持原封不动，尽管现在已是蒿草高长的空地。

照片上的她脸上刚刚开始出现第一道皱纹。他的相机没放过它们。不过她还是对照片上所见感到满意。她头发是黑的，身材丰满而有活力，套在牛仔裤里正合适。不过她现在凝视的是自己的脸。那是一个疯狂地爱上了正在照相的男子的女人的脸。

沿着记忆的长河，她也能清晰地看见他。每年她都在脑海中把所有的影像过一遍，细细地回味一切，刻骨铭心，永志不忘，就像部落民族的口述历史，代代相传直至永久。他身材瘦、高、硬，行动就像草一样自如而优雅，银灰色的头发长出耳下不少，几乎总是乱蓬蓬的，好像他刚在大风中长途航行，设法用手把它们拢整齐。

他狭长脸，高颧骨，头发从前额垂下，衬托出一对淡蓝色的眼睛，好像永远不停地在寻找下一个拍照对象。他当时对她微笑着说她在晨曦中脸色真好，真滋润，要她倚着篱笆桩，他围着她绕了一个大圆弧，先蹲着照，然后站起来照，然后又躺下用相机对着她。

她对他用了这么多胶卷有点于心不安，但是对他给予她这么多关注感到高兴。她希望没有邻居这么早开拖拉机出来。不过在那个特定的早晨她倒不大在乎邻居以及他们怎么想。

他拍照，装胶卷，换镜头，换相机，接着又拍，一边工作一边轻声跟她谈话，总是告诉她他觉得她多么好看，他多么爱她。“弗朗西丝卡，你太美了，简直不可思议。”有时他停下来凝视着她，目光穿过她，绕着她，一直看到她身体里面。

她的棉制圆领衫绷紧处两个奶头轮廓鲜明。很奇怪，她竟然对自己隔着衣服这样曲线毕露并不发窘。相反，知道他透过镜头能这样清楚地看到她的胸部，她感到高兴。她在理查德面前绝不会这样穿法，他不会赞许的。说实在的，在遇到罗伯特・金凯德之前她什么时候也不会这样穿法。

罗伯特要她背稍稍往后仰一点，然后轻声说："好的，好的，就这么待着。" 这时他照的就是她现在注视着的这张照片。光线最理想不过了，他说是"模糊的透亮"——这是他起的名称，正在围绕她转时快门稳当地按了一下。

他很轻捷，当时她望着他时想到的就是这个词。他年已五十二岁，而浑身都是瘦肌肉，行动敏捷有力，只有艰苦劳动而又自爱的人才能保持这样。他告诉她他曾是太平洋战区的战地摄影记者，弗朗西丝卡完全能想象那情景：他脖子上挂着几架晃来晃去的相机，跟海军陆战队的士兵们一起在硝烟弥漫的海滩上跑来跑去，其中一架放在眼睛下面，不断按动快门，其速度之快几乎使相机着火。

她再看那照片，仔细端详。我当时是挺好看的，她心里想，为自己的自我欣赏不禁莞尔。"在此之前和在此之后我都从来没有这么好看过，都是因为他。" 她又啜一口白兰地，此刻雨随着十一月的风尾下得一阵紧似一阵。

罗伯特・金凯德可以称得上是一个特种魔术师，他活在自己的内部世界里，那些地方稀奇古怪，几乎有点吓人。在一九六五年八月那个干燥而炎热的星期一，当他走出卡车向她的车道走来的时候，弗朗西丝卡立刻就感觉到了这一点。理查德和两个孩子到伊利诺伊州博览会上展出那只获奖的小牛去了，那小牛比她得到的关注还要多，现在她有一个星期完全属于自己。

她正坐在前廊的秋千上，喝着冰茶，漫不经心地望着县公路上一辆行驶的卡车下面卷扬起来的尘土。卡车行驶很慢，好像驾驶员在寻找什么，然后就在她的小巷口停下，把车头转向她的房子。天哪。她想，他是谁？

她赤着脚，穿着牛仔裤和一件褪了色的蓝工作服，袖子高高卷起，衣摆放在裤子外面，一头乌黑的长发用一只玳瑁梳子别起，那梳子还是她离开故国时父亲给她的。卡车驶进了巷子，在绕屋的铁丝栅栏门前不远处停下。

弗朗西丝卡走下廊子，穿过草地向大门款款走来。卡车里走出罗伯特·金凯德，看上去好像是一本没有写出来的书中出现的幻象，那本书名叫《插画萨满人史》。

他的棕色军服式衬衫已为汗湿透，贴在背上，腋下两大圈汗渍。衬衫上面三个扣子敞开着，她可以看见他脖子上银项链下面紧绷绷的胸肌。他肩上是橘黄色的背带，是经常在野外作业的人穿的那种。

他微笑着说："对不起，打搅了。我是在找此地附近一座廊桥，可是找不着，我想是暂时迷路了。"他用一条蓝色的大手帕擦擦前额，又笑了笑。

他两眼直望着她，她感到自己体内有什么东西在跳动。那眼睛，那声音，那脸庞，那银发，还有他身体转动自如的方式，那是古老的、令人心荡神移、摄人魂魄的方式；是在障碍冲倒之后进入睡乡之前，最后时刻在你耳边说悄悄话的方式；是把不论何种物种的阴阳分子之间的空间重新调整的方式。

必须传宗接代。这方式只是轻轻说出了这一需要，岂有他哉！力量是无穷的，而设计的图案精美绝伦。这方式坚定不移，目标明确。此事其实很简单，却让我们给弄得好像很复杂。弗朗西丝卡感觉到了这一点而不自知，她是在自己的细胞层面上感觉到的，而使她永远改变之事就从这里开始。

一辆小汽车经过这条路，后面扬起一道尘土，车主按了按喇叭。弗朗西丝卡向弗洛伊德・克拉克伸出雪佛兰车窗的那只古铜色的手挥手答礼，然后转向陌生人："你已经很近了，那桥离这里只有两英里地。"然后，在二十年的封闭生活中，长期遵循乡村文化所要求的克制、含蓄、不苟言笑的行为准则的弗朗西丝卡・约翰逊忽然说："如果你愿意的话，我可以领你去。"这连她自己都感到吃惊。

她为什么这样做，自己始终也说不准。也许是在这么多年以后，少女的心境像水泡一样浮上水面，终于爆开了。她不是个很腼腆的人，但也不大胆主动。她唯一能解释的是，只见了几秒之后，罗伯特・金凯德就有某种吸引她的地方。

显然，他对她的自告奋勇有点意外，不过很快就过去了，认真地说，他很感激。她从后台阶拿起做农活穿的牛仔靴走到他的卡车边，跟他走到副驾驶座边。

"请等一分钟，我给您腾地方，这里尽是乱七八糟的东西。"他边做边叽咕着，主要是自言自语，她可以看得出来他有点慌乱，对整个这件事有点不好意思。

他把帆布包和三脚架、暖水瓶和纸袋重新放好。卡车后面放着一个棕色的新秀丽牌的旧衣箱、一只吉他琴匣，都布满灰尘，饱经风雨，用一条晾衣绳与一个备用车胎捆在一起。

他正在咕哝着把咖啡纸杯、香蕉皮等等塞进一个杂货店的大牛皮纸袋然后扔到卡车后厢中去时，车门砰的一声碰上了，打了他屁股一下。最后他拿出一个蓝白相间的冷藏箱，也把它放到车后面。在绿色的车门上有几个褪了色的红漆字："金凯德摄影，华盛顿，贝灵厄姆。"

"行了，我想您现在可以挤进来了。"他拉着门，待她进去后关上，然后绕到司机那边，以一种特殊的、动物般的优美姿态钻进方向盘后面。他看了她一眼，仅仅是一瞥，微微一笑，问道："向哪边走？"

"右边。"她用手指了一下。他转动钥匙，那走调的引擎开动了。车子沿着小巷颠簸着向大路驶去。他的两条长长的腿自动地踩着踏板，旧的李维斯牌牛仔裤盖着系皮鞋带的棕色野地靴，这双靴子已见证过不知多少英里从脚下驶过。

他俯身伸手探到前面的杂物箱中，前肘无意中擦过她的大腿前端。他半望着风挡外，半望着那杂物箱，从里面抽出一张名片来递给她："罗伯特·金凯德，摄影家，作家。"上面还印着他的地址和电话。

他说："我是《国家地理》派到这里来的，您熟悉这个杂志吗？"

"熟悉。"弗朗西丝卡说，心想，谁不熟悉这杂志。

“他们要发表一篇关于廊桥的文章，显然艾奥瓦的麦迪逊县有几座蛮有意思的这样的桥。我已经找到了六座，但是我猜至少还有一座，据说是在这个方向。”

“它叫罗斯曼桥。”弗朗西丝卡说，越过风声、车轮和引擎的噪声，她的声音有点奇怪，好像是属于另外一个人的，属于那个十几岁的那不勒斯姑娘，那个探头窗外，沿着城镇的街巷看往列车或巷口，想着还没有出现的远方恋人的姑娘。她一边说一边注视着他换挡时前臂弯曲的肌肉。

有两只背包在他旁边放着。一只是关好的，但另一只的盖向后翻着，她能看见露出来的相机的银色顶部和黑色背面，以及一个胶卷盒的底部，相机背面贴着“柯达彩色Ⅱ，25，36张”的标签。在这些包包后面塞着一件有许多口袋的棕黄色背心，从一只口袋中挂下一条一端有活塞的细绳。

她的脚后面是两个三脚架，已经刮痕累累，不过她还辨认得出其中一个上面剥落的商标“捷信”。当他打开汽车杂物箱时，她瞥见里面塞满了笔记本、地图、笔、空胶卷盒、散落的零钱和一条骆驼牌香烟。

“下一个街角向右转。”她说，这给她一个借口可以看一眼罗伯特·金凯德的侧影。他皮肤黝黑滑润，由于出汗而发光。他的嘴唇很好看，不知怎么，她一开始就注意到了。他的鼻子很像她见到过的印第安人的鼻子，那是孩子还未长大时，有一次他们全家到西部度假看见的。

从传统标准说，他不算漂亮，但也不俗。这种字眼好像对他根本不适用。但是他有点，有点什么，是一种沧桑感，饱经风霜的神态，不是他的外表，而是他的眼神。

他左腕戴着一块外表很复杂的手表，棕色皮表带汗渍斑斑。右腕有一只花纹细致的银手镯。她心想这手镯需要用擦银粉好好上上光了，立刻又责备自己这种注意鸡毛蒜皮的小镇习气，多年来她一直在默默反抗这种习气。

罗伯特·金凯德从衬衣口袋里拿出一包烟，抖落出一支递给她。在五分钟内，她第二次使自己意外，竟然接受了。我在干什么？她心想。多年前她吸过烟，后来在理查德的不断严厉批评下戒掉了。他又抖落出一支来，含在自己嘴唇里，把一个金色的芝宝牌打火机点着，向她伸过去，同时眼睛望着前路。

她双手在火苗边上做了一个挡风圈，在卡车颠簸中为稳住打火机碰着了他的手。点烟只需一刹那间，但这时间已足够使她感觉到他手的温暖和手背上细小的汗毛。她往后靠下，他把打火机甩向自己的烟，熟练地做成挡风圈，手从方向盘抽下来才不到一秒钟。

弗朗西丝卡·约翰逊，农夫之妻，悠闲地坐在布满灰尘的卡车座位里，吸着香烟，指着前面说："到了，就在弯过去的地方。"那座红色斑驳、饱经岁月而略有些倾斜的古老的桥横跨在一条小溪上。

罗伯特·金凯德这时绽开了笑容。他扫了她一眼说："太棒了，正好拍日出照。"他在离桥一百英尺的地方停下，带着那开口的背包爬出车子。"我要花一点时间做一点探查工作，您不介意吧？"她摇摇头，报以一笑。

弗朗西丝卡望着他走上县公路，从背包里拿出一架相机，然后把背包往左肩上一甩。他这一动作已做过上千次了，她从那流畅劲儿可以看出来。他一边走，头一边不停地来回转动，一会儿看看桥，一会儿看看桥后面的树。有一次转过来看她，脸上表情很严肃。

罗伯特·金凯德同那些专吃肉汁、土豆和鲜肉——有时一天三顿都是如此——的当地人成鲜明对比，他好像除了水果、干果和蔬菜之外什么都不吃。坚硬，她想。他肉体很坚硬。她注意到他裹在紧身牛仔裤里的臀部是那样窄小——她可以看到他左边裤袋中钱包的轮廓和右边裤袋中的大手帕。她也注意到他在地上的行动，没有一个动作是浪费的。

周围静悄悄，一只红翼鸫鸟栖息在铁丝网上望着她。路边草丛中传来牧场百灵的叫声，除此之外，在八月白炽的阳光下没有任何动静。

罗伯特·金凯德刚好在桥边停下。他站了一会儿，然后蹲下来从相机望出去。他走到路那边，同样再来一遍，然后走到桥顶下，仔细观察那椽子和天花板，从旁边一个小洞里窥望桥下的流水。

弗朗西丝卡在烟灰缸里熄灭了烟头，打开门，把穿着靴子的脚放到砾石路上。她张望了一下确定没有邻居的车向这里驶来，就向桥边走去。夏日近黄昏的午后骄阳似火，桥里面看来要凉快些，她可以看见桥那头他的侧影，直到那侧影消失在通向小溪的斜坡下。

在桥里面她能听到鸽子在檐下的窠里咕咕软语。她把手掌放在桥栏杆上享受那暖洋洋的感觉。有些栏杆上歪歪扭扭刻着字："吉姆波——丹尼森，艾奥瓦。""谢丽+杜比。""去吧，老鹰！"鸽子继续咕咕软语。

弗朗西丝卡从两道栏杆的缝隙中沿着小溪向罗伯特·金凯德走去的方向望去。他站在小溪当中的一块石头上望着桥，她看见他向她挥手，吃了一惊。他跳回岸上，自如地走上陡峭的斜坡。她目不转睛地望着水面，直到她感觉到他的靴子踏上了桥板。

“真好，这里真美。”他说，嗓音在廊桥内回旋。

弗朗西丝卡点头说：“是的，是很美。我们这里对这几座旧桥习以为常了，很少去想它们。”

他走到她面前，伸出一小束野花，是野生黄菊花。“谢谢你给我做向导，”他温柔地笑着，“我要找一天黎明来拍照。”她又感到体内有点什么动静。花。没有人给她献过花，即使是特殊的日子也没有过。

“我还不知道尊姓大名。”他说。她才想起没有告诉过他，感到自己有点呆。她说了之后，他点点头说：“我听出一点点口音，是意大利人吧？”

“是的，那是很久以前了。”

又回到绿色卡车上，沿着砾石路，在落日余晖中行驶。他们两次遇到别的汽车，不过都不是弗朗西丝卡认识的人。在到达农场的四分钟之中，她浮想联翩，有一种异样、释然的感觉。再多了解一些罗伯特·金凯德，这位摄影家，作家，这就是她想要的，想多知道一些。同时她把腿上的花竖起来紧紧抱在怀里，好像一个刚外出回来的女学生。

血涌上她的面颊，她自己能感觉到。她什么也没做，什么也没说，但是自己觉得好像是做了，说了。卡车收音机里放着一支钢棒吉他歌曲，声音几乎淹没在隆隆压路声和风声中，接着是五点钟新闻。

他把车转进小巷。“理查德是你的丈夫吧？”他见过那信箱。

“是的。”弗朗西丝卡说，有点喘不过气来。一旦开了口，话就源源不断出来了。“真热,你要喝杯茶吗?”

他回头看看她说:“如果没有什么不方便,我就要。”

“没什么。”她说。

她引导他把卡车停到屋后面——希望自己做得很随便。她不愿在理查德回来时有个邻居对他说:“嘿,迪克[1],你那里在请人干活吗?上星期看见一辆绿色卡车停在那里。我知道弗兰妮[2]在家,就懒得去问了。”

沿残缺的水泥台阶而上,到游廊的后门。他为她拉开门,身上带着装相机的背包。“天太热,不好把这些装备放在卡车里。”他一边往外拿照相器材一边说。

厨房里稍微凉快点,不过还是热。小长毛狗围着金凯德的靴子嗅来嗅去,然后走出去在后廊趴下,此时弗朗西丝卡从金属盘子里把冰拿出来,并从一个半加仑的大口玻璃杯倒出阳光茶[3]来。他坐在厨房餐桌旁,两条长腿伸在前面,用两只手拢头发,她知道他在注视着她。

“要柠檬吗?”

“好。”

“糖呢?”

“不要,谢谢。”

柠檬汁沿着一只玻璃杯的边慢慢流下来,这他也看见了,罗伯特·金

1 理查德的昵称。
2 弗朗西丝卡的昵称。
3 一种冰镇的茶饮料。

凯德的眼睛很少放过什么。

弗朗西丝卡把杯子放在他面前，把自己的杯子放在塑料贴面桌子的另一边，再把那束花浸在放了水的外面印有唐老鸭图案的果酱瓶里。她靠着切菜台，用一只脚站着，俯身脱下一只靴子，然后换那只赤脚站着，以同样的程序脱另一只靴子。

他喝了一小口茶，望着她。她大约五英尺六英寸高，四十岁上下，或者出头一些，脸很漂亮，还有一副苗条、有活力的身材。不过他浪迹天涯，漂亮的女人到处都是。这样的外形固然宜人，但是真正重要的是来自生活的理解力和激情，是能感动人也能受到感动的细致的心灵。因此大多数年轻女人尽管外表很美，但他觉得她们并无吸引力。她们生活经历不够长，或者还不知生活艰辛，因此没有这种足以吸引他的气质。

可是弗朗西丝卡·约翰逊身上确实有足以吸引他的东西。她善解人意，这他看得出来，她也有激情，不过他还说不上这激情究竟导向何方，或者是否有任何方向。

后来，他告诉她他自己也莫名其妙，那天看着她脱靴子的时候是他记忆中最肉感的时刻。为什么，这不重要。这不是他对待生活的态度。“分析破坏完整性。有些事物，有魔力的事物，就是得保持完整性。如果你把它一个部件一个部件分开来看，它就消失了。”他是这样说的。

她坐在桌旁，一只脚蜷在下面，把几缕落在脸上的头发拢回去，用那玳瑁梳子重新别好，然后又想起来，到最靠近的柜子上头拿下一个烟灰缸放在桌上他能够得着的地方。

得到这一默许之后，他拿出一包骆驼牌香烟来，向她伸过去。她拿了一支，并注意到微微有点潮湿，是他出汗浸的。同样的程序。他拿着金色的芝宝牌打火机，她为稳住打火机碰到了他的手，指间触到了他的皮肤，然后坐回去。香烟味道美妙无比，她微微笑了。

“你到底是做什么的——我是说摄影做什么?”

他看着他的香烟静静地说:“我是一个合同摄影师——给《国家地理》杂志摄影，是部分时间，有时我有了创意，卖给杂志，然后给他们拍照，或者他们需要什么，就找我让我为他们拍照。那是一个相当保守的刊物，没有很多发挥艺术表现力的余地。但是报酬不错，不算特别优厚，可是相当不错，而且稳定。其余时间我就自己写，自己拍，然后把作品寄给其他杂志。生活发生困难的时候我就做合作项目，不过我觉得那种工作太束缚人。

“有时我写诗，那纯粹是给自己写的。时不时地也写写小说，不过我好像没有写小说的气质。我住在西雅图北部，相当多的时间在那一带工作。我喜欢拍渔船、印第安人聚居区和风景。

“《国家地理》常常把我派到一个地方去一两个月，特别是制作一项大的作品，例如亚马孙河的一部分，或是北非沙漠。平常在这种情况下我都乘飞机去，在当地租一辆车。但是我有时想要开车经过一些地方作些查看，以为将来的参考。我是沿苏必利尔湖开车来的，准备穿过布莱克丘陵回去。你怎么样?”

弗朗西丝卡没有准备他问问题。她支吾了一会儿说:“咳，我跟你做的可不一样。我得的学位是比较文学。我一九四六年到这里时温特塞特正找不到教师。我嫁给了个当地人而且还是个退伍军人，这使我能被接受。

于是我得了一张教师执照，在中学教了几年英文。但是理查德不喜欢让我出去工作。他说他能养活我们，不需要我去工作，特别是当时两个孩子正在成长。于是我就辞了工作，从此成为专职农家妇。就这样。”

她注意到他的冰茶差不多喝完了，又给他从大口杯里倒了一点。

“谢谢。你觉得艾奥瓦怎么样？”

这一瞬间这句问话是真诚的，她心里明白。标准的答话应该是：“很好，很宁静。这里的人的确善良。”

她没有立即回答。“我能再要一支烟吗？”又是那包骆驼牌，又是那个打火机，又是轻轻碰了一下手。阳光在后廊地板上移过，照在那狗身上，它爬起来，走出视线之外。弗朗西丝卡第一次看着罗伯特·金凯德的眼睛。

“我应该说：‘很好，很宁静。这里的人的确善良。’这些大部分都是真的。这里是很宁静。当地人在某种意义上是很善良。我们都互相帮助，如果有人病了，受伤了，邻居就会过来帮着收玉米，收割燕麦，或者是做任何需要做的事。在镇上，你可以不锁车，随便让孩子到处跑，也不必担心。这里人有很多优点，我敬重他们的品质。

“但是，”她犹豫了，吸着烟，隔着桌子望着罗伯特·金凯德，“这不是我少女时梦想的地方。”终于坦白了。这句话已存了多年，但是从来没有说出来过。现在，她对一个从华盛顿贝灵厄姆来的有一辆绿色卡车的男人说出来了。

他一时间没说什么。然后说：“我那天在笔记本里记下一些话以备将来用，是开车时临时想到的，我常常这样。话是这样说的：‘旧梦是好梦，没有实现，但是我很高兴我有过这些梦。’我说不上来这是什么意思，但是我准备以后用到什么地方。所以我想我能理解你的感觉。”

弗朗西丝卡向他笑了，她第一次笑得热情而深沉。接着赌徒的冲动占了上风。“你愿意留下来吃晚饭吗？我全家都到外地去了，所以家里没什么东西，不过我总可以弄出一点来。”

“我确实对杂货铺、饭馆已经厌倦了。如果不太麻烦的话，我愿意。”

“你喜欢猪排吗？我可以从园子里拔点蔬菜来配着做。”

“蔬菜就好。我不吃肉，已多年了。不是什么大不了的事。就是觉得那样更舒服。”

弗朗西丝卡又笑了。“此地这个观点可不受欢迎。理查德和他的朋友们会说你破坏他们的生计。我也不大吃肉，不知为什么，就是不喜欢。但是每当我在家试着做一顿无肉饭菜时，就会引起反抗的吼声。所以我已放弃尝试了。现在想法儿换换口味是挺好玩的。”

“好的。不过别为我太麻烦。听着，我的冷藏箱里有一包胶卷，我得去倒掉化了的冰水，整理一下。这要占点时间。”他站起来喝完了剩茶。

她看着他走出厨房门，穿过游廊走进场院。他不像别人那样让纱门砰一声弹回来，而是轻轻关上。他走出去之前蹲下来拍拍那小狗，小狗舐了几下他的胳膊，表示对这一关注领情。

弗朗西丝卡上楼匆匆洗了一个澡，一边擦身一边从短窗帘的上面向场院窥视。他的衣箱打开着，他正在用那老旧的手压水泵洗身。她原该告诉他如果需要可以用房子里的莲蓬头洗澡。她原是想说的，又觉得这样似乎超过了熟悉的程度，以后自己心情恍惚，把这事忘了。

可是罗伯特·金凯德在比这恶劣得多的条件下都洗漱过。在虎乡用几桶腥臭的水洗。在沙漠中用自己的罐头筒盛水洗。他在她的场院脱到腰部，用旧衬衣当毛巾使。"一条毛巾，"她自责地说，"至少一条毛巾，我这点总可以为他做的。"

他的刮胡刀躺在水泵边的水泥地上让阳光照得发亮。她看着他在脸上涂上肥皂然后刮胡子。他很——又是这个词——坚硬。他个子并不大，大约六英尺多一点，略偏瘦。但是对他的个头来说，他肩膀的肌肉很宽，他的肚子平坦得像刀片。他不管年龄多大，看起来都不像，他也不像那些早晨饼干就肉汁吃得太多的当地人。

上次去得梅因采购时她买了新的香水——风歌牌，现在节省地用了一些。穿什么呢？穿太正式了不大合适，因为他还穿着工作服。长袖白衬衫，袖子刚好卷到胳膊肘，一条干净的牛仔裤，一双凉鞋。戴上那对金圈耳环（理查德说她戴了像个轻佻女子）和金手镯。头发梳到后面用发卡夹住，拖在背后。这样比较对头。

她走进厨房时，他已坐在那里，旁边放着背包和冷藏箱，穿了一件干净的卡其布衬衫，橘色背带从上面挂下来，桌上放着三架相机和五个镜头，还有一包新的骆驼牌香烟。相机上都标着"尼康"，黑镜头也是如此。有短距离、中距离，还有一个长距离的镜头。这些设备已经有刮痕，有的地方还有缺口。但是他摆弄时仍很仔细，同时又比较随便，又擦又刷又吹。

他抬头看她，脸上又严肃起来，怯生生的。"我冷藏箱里有啤酒，要一瓶吗?”

“那好,谢谢!”

他拿出两瓶百威啤酒。他打开箱盖时她可以看见透明塑料盒子里装着一排排胶卷,像木材一样齐齐码着。他拿出两瓶之后,里面还有四瓶啤酒。

弗朗西丝卡拉开一个抽屉找开瓶的起子。但是他说:“我有。”他把那把瑞士军刀从刀鞘中抽出来。弹出开瓶器,用得很熟练。

他递给她一瓶,举起自己那瓶做祝酒状说:“为午后的廊桥,或者更恰当地说,为在暖洋洋的红色晨光里的廊桥。”他咧开嘴笑了。

弗朗西丝卡没说话,只是浅浅地一笑,略微举一下那瓶酒,犹犹豫豫地,有点不知所措。一个奇怪的陌生人、鲜花、香水、啤酒,还有在炎炎盛夏一个星期一的祝酒,这一切她已经几乎应付不了了。

“很久以前有一个人在一个八月的下午感到口渴。不知是谁,研究了这口渴,弄了点什么拼凑在一起,就发明了啤酒。这就是啤酒的来源,它解决了一个问题。”他正在弄一架相机,用一个珠宝商用的小改锥拧紧顶盖的一个螺丝,这句话几乎是对着相机说的。

“我到园子里去一下,马上回来。”

他抬起头来:“需要帮忙吗?”

她摇摇头,从他身边走过,感觉到他的目光在她的胯上,不知他是不是一直看着她穿过游廊,心里猜想是的。

她猜对了。他是一直在注视着她。摇摇头,又接着看。他注视着她的身体，想着自己知道她是多么善解人意，心里琢磨着从她身上感到的其他东西是什么。他被她吸引住了，正为克制自己而斗争。

园子现在正在阴暗中。弗朗西丝卡拿着一个白色的搪瓷平锅在园子里走来走去。她挖了胡萝卜和香菜，一些防风菜根和洋葱，还有白萝卜。

她回到厨房时，罗伯特·金凯德正在重新打背包，她注意到打得十分整齐、准确。显然一切都已落位，而且一向都是各就其位的。他已喝完他那瓶啤酒，又开了两瓶，尽管她那瓶还没喝完。她一仰脖喝完第一瓶，把空瓶递给他。

“我能做些什么？”

“你可以从廊子里把西瓜抱进来，还有从外面筐子里拿几个土豆进来。”

他行动特别轻盈，她简直惊讶他怎么这么快，他胳膊底下夹着西瓜，手里拿着四个土豆从廊下回来。“够了吗？”

她点点头，想着他行动多像游魂。他把那些东西放在洗涤池旁边的台上——她正在洗涤池里洗园子里摘来的菜——然后回到椅子那里点一支骆驼牌香烟坐下来。

“你要在这里待多久？”她一边低头理着手上的蔬菜一边问。

“我也说不准。现在是我可以从容不迫的时候，照那些廊桥的期限还有三星期呢。我猜想只要照得好，需要多久就多久，大概要一星期。”

“你住在哪里？在镇上吗？”

“是的，住在一个小地方，有很小的房间。叫什么汽车大院。今天早晨我才登记的，还没把家伙卸下呢。”

“这是唯一可住的地方，除了卡尔森太太家，她接受房客。不过这里的饭馆一定会让你失望，特别是对你这种吃饭习惯的人。”

“我知道。这是老问题了。不过我已学会凑合了。这个季节还不算太坏，我可以在小店里和路边小摊上买到新鲜货，面包加一些别的东西差不多就行了。不过这样被请出来吃饭太好了，我很感激。”

她伸手到台面上打开一台小收音机，那收音机只有两个频道，音箱上盖着一块棕色布。一个声音唱着：“我袋里装着时间。天气总站在我一边……”歌声下面是阵阵吉他伴奏。她把音量调得很小。

“我很会切菜的。”他自告奋勇。

“好吧。切菜板在那儿，就在那底下的抽屉里有一把刀。我要炖烩菜，所以你最好切成丁。”

他离她二英尺远，低头切那些胡萝卜、白萝卜、防风菜根和洋葱。弗朗西丝卡把土豆削到盆里，意识到自己离一个陌生男人这么近。她从来没有想到过与削土豆皮相联系的会有这种小小的歪念头。

“你弹吉他吗？我看见你卡车里有一只琴匣。”

“弹一点儿。只是做个伴儿，也不过如此而已。我妻子是早期的民歌手，那是远在民歌流行起来之前，她开始教我弹的。”

弗朗西丝卡听到“妻子”一词时身子稍稍绷紧了一下，为什么？她自己也不知道。他当然有权结婚，但是不知怎么这似乎跟他不相称。她不愿意他结过婚。

“她受不了我这样长期外出拍照，一走就是几个月。我不怪她。她九年前就撤退了。一年之后跟我离了婚。我们没有过孩子,所以事情不复杂。她带走了一把吉他,把这把次一点儿的留给了我。”

“你还和她通音讯吗?”

“不,从来没有。”

他说了这么多。弗朗西丝卡没有进一步问下去。但是她感觉良好了一些,挺自私的。她再次奇怪自己为什么要在乎他结没结过婚。

“我到过两次意大利,”他说,“你故乡在哪里?”

“那不勒斯。”

“从来没去过。我有一次到过北方,拍一些波河的照片。后来再去是去西西里去拍照。”

弗朗西丝卡削着土豆,想了一会儿意大利,一直意识到罗伯特·金凯德在她身边。

西天升起了云彩,把太阳分成射向四方的几道霞光。他从洗涤池上的窗户望出去说:“这是神光。日历公司特别喜爱这种光,宗教杂志也喜欢。”

“你的工作看来很有意思。”弗朗西丝卡说,她感到需要让这种中性的谈话继续下去。

“是的,我很喜欢。我喜欢大路,我喜欢制作照片。”

她注意到了他说“制作”照片。“你制作照片,而不是拍摄照片?”

“是的,至少我是这样想。这就是星期日业余摄影者和以此为生的人的区别。等我把今天我们看到的桥的那些照片弄好,结果不会完全像你想象中的那样。我通过选镜头,或是选角度或是一般组合,或者以上几样都结合起来，制成我自己的作品。

“我照相不是按原样拍摄，我总是设法把它们变成某种反映我个人的意识、我的精神的东西。我设法从形象中找到诗。杂志有它自己对风格的要求，我并不总是同意编辑的口味，事实上我不同意时居多。这是他们的烦恼之处，不过是他们决定取舍。我猜他们了解他们的读者，但是我希望他们有时可以冒一点风险。我对他们这么说了，这使他们不高兴。

“这就是通过一种艺术形式谋生所产生的问题。人总是跟市场打交道，而市场——大众市场——是按平均口味设计的。数字摆在那里，我想现实就是如此。但是正如我所说的，这可能变得非常束缚人。他们允许我保留那些没有被录用的照片，所以我至少可以有我自己喜欢的私人收藏。

“间或有另外一家杂志愿意采用一两张，或者我可以写一篇关于我到过的地方的文章，插图的照片可以比《国家地理》的口味更野一些。

“以后我准备写一篇题为《业余爱好的优点》的文章，专门写给那些想以艺术谋生的人看。市场比任何东西都更能扼杀艺术的激情。对很多人来说，那是一个以安全为重的世界。他们要安全，杂志和制造商给他们以安全，给他们以同一性，给他们以熟悉、舒适的东西，不要向他们提出异议。

“利润、订数以及其他这类玩意儿统治着艺术。我们都被鞭子赶着进入那个千篇一律的大轮盘。

“营销商总是把一种叫作‘消费者’的东西挂在嘴上。这东西在我心目中的形象就是一个矮胖子，穿着皱巴巴的百慕大短裤，一件夏威夷衬衫，戴一顶挂着开酒瓶和罐头的起子的草帽，手里攥着大把钞票。”

弗朗西丝卡轻轻地笑了,心里思忖着安全和舒适。

“不过我成就并不多。像我刚才说的,旅行本身就很好,我喜欢摆弄相机,喜欢在户外。现实并不像这支歌开头那样,但是这是一支不坏的歌。”弗朗西丝卡猜想,对罗伯特·金凯德来说这是很平常的谈话,而对她,这却是文学素材。麦县的人从来不这么谈话,不谈这些事。这里的话题是天气、农产品价格、谁家生孩子、谁家办丧事,还有政府计划和体育队。不谈艺术,不谈梦。也不谈那使音乐沉默、把梦关进盒子的现实。

他切完菜:“我还能做什么吗?”

她摇摇头:“没什么,差不多就绪了。”

他又坐到桌边,抽着烟,不时呷一两口啤酒。她在煮菜,抽空啜口啤酒。她能感觉到那酒精的作用,尽管量是这么少。她只是在除夕和理查德在“军人大厦”喝点酒。除此之外平时很少喝,家里也几乎不放酒,除了有一瓶白兰地,那是她有一次忽然心血来潮,隐隐地希望在乡村生活中有点浪漫情调而买的。那瓶盖至今没有打开过。

素油,一杯半蔬菜,煮到浅棕色,加面粉拌匀,再加一品脱水,然后把剩下的蔬菜和作料加进去,文火炖四十分钟。

菜正炖着时,弗朗西丝卡再次坐到他对面。厨房里渐渐洋溢着淡淡的亲切感。这多少是从做饭而来的。为一个陌生人做晚饭,让他切萝卜,同时也切掉了距离,人在你的旁边,缓减了一部分陌生感。既然失去了陌生感,就为亲切感腾出了地方。

他把香烟推向她。打火机在烟盒上面。她抖落出一支来,摸索着用打火机，觉得自己笨手笨脚的，就是点不着。他笑了笑，小心地从她手里把打火机拿过来，打了两下才点着。他拿着打火机，她就着火点了香烟。她一般在男人面前总觉得自己比他们风度优雅一点，但是在罗伯特·金凯德面前却不是这样。

太阳由白变红，正好落在玉米地上。她从窗户望出去看见一只鹰正乘着黄昏的风扶摇而上。收音机里播放着七点钟新闻和市场简讯。此刻弗朗西丝卡隔着黄色塑料贴面的桌子望着罗伯特·金凯德，他走了很长的路到她的厨房来，漫漫长路，何止以道里计！

“已经闻到香味了，”他指指炉子，“闻起来……好清静。”他看着她。

“清静？有什么东西闻起来很清静吗？”她想着这句话，自问道。他说得对。在惯常给全家做猪排、牛排、烧烤之余，今天的这顿饭确实做得很清静。整个食物制作过程中没有暴力，除了把菜从地里拔起来也许可以算。炖烩菜是静静地进行，散发的味道也是静静的，厨房里静悄悄。

“要是你不介意的话，请你给我讲讲你在意大利的生活。”他靠在椅子里，伸长了腿，右腿和左腿在脚踝处交叉。

跟他在一起相对无言使她感到不自在，于是她就讲起来，给他讲她成长的岁月，私立学校、修女、她的双亲——一个是家庭妇女，一个是银行经理；讲她十几岁时经常站在海堤边看世界各国的船舶；讲以后到来的那些美国兵；讲她如何和女伴们在一家咖啡馆里喝咖啡时遇到了理查德。战争搅乱了生活，他们起先也不知道他们是否终于会结婚。她只字未提尼科洛。

他听着，不说话，有时点点头表示理解。最后她停下来，他说：“你有孩子，你是这么说的吗？”

“是的。迈克尔十七岁，卡罗琳十六岁。他们都在温特塞特上学。他们是4-H[1]协会成员，所以他们去参加伊利诺伊州博览会了，去展出卡罗琳养的小牛。

“这是我永远没法适应的事，没法理解他们怎么能对这牲口倾注这么多爱和关怀之后，又眼看着它出售给人家去屠宰。不过我什么也没敢说，要不然理查德和他的朋友全要对我大光其火了。可是这里面总有一种冷酷无情的矛盾。”

她提了理查德的名字，心里有点内疚，她什么也没做，什么也没有。可是她还是感到内疚，是从一种遥远的可能性而来的内疚。她也不知道如果她陷入了她无法处理的局面，今晚结束时该怎么办。也许罗伯特·金凯德就此走了，他看起来挺安静，挺和善，甚至有点腼腆。

他们谈着谈着，暮霭转成蓝色，薄雾擦过牧场的草。在弗朗西丝卡的烩菜静静炖着的时候，他又给他俩打开两瓶啤酒。她站起来在开水里放进几个饺子，搅了搅，靠在洗涤池上，对这位从华盛顿贝灵厄姆来的罗伯特·金凯德产生了一脉温情，希望他不要太早离去。

他静静地、有教养地吃了两份烩菜，两次告诉她有多好吃。西瓜甜美无比。啤酒很凉。夜空湛蓝，弗朗西丝卡·约翰逊四十五岁，汉克·斯诺在艾奥瓦州谢南多厄的KMA电台唱着一支火车歌曲。

1　代表head, heart, hands和health四个h打头的单词。

古老的夜晚，远方的音乐

现在怎么办呢？弗朗西丝卡想。晚饭已毕，相对而坐。

这个问题他给解决了。“到草场去走走怎么样？外面凉快一点了。”她同意之后，他从一只背包里拿出一架相机，把背带套在肩上。

金凯德推开后廊的门，给她撑着，然后跟在她后面走出去，轻轻关上门，他们沿着裂缝的边道穿过砾石铺的场院走到机器棚东边的草地上。那机器棚散发着热油脂的味道。

当他们走到篱笆前时，她一只手把有倒钩的铁丝网拽下来跨了过去，感觉到她细条凉鞋带周围的脚上沾了露水。他也照此办理，穿靴子的脚轻松地迈过铁丝网。

“你管这叫草场还是叫牧场？”他问。

“我想叫牧场。有牲口在，草就长不高。当心脚底下牛粪。”一轮将圆未圆的明月从东方升起，太阳刚落下地平线，天色转成蔚蓝。月光下公路上一辆小汽车呼啸着疾驰而过，消音器很响。那是克拉克家孩子的车，他是温特塞特橄榄球队的四分卫，跟朱迪·莱弗伦森经常约会。

她已经很久没有这样散步了。平时，总是五点钟开饭，晚饭过后就是电视新闻，然后是晚间节目，理查德看，有时孩子们做完功课也看。弗朗西丝卡通常坐在厨房看书——从温特塞特图书馆和她参加的图书俱乐部借来的书，历史、诗歌和小说，或者是在天气好的时候坐在前廊上。她烦电视。

有时理查德叫她："弗兰妮，你一定得瞧瞧这个！"她就进去和他一起看一小会儿。埃尔维斯出现时常引起他发出这样的召唤，还有甲壳虫乐队在"埃德·苏利文大观"首场演出时，理查德看着他们的头发，不断摇头，大不以为然。

有短暂的时间几抹红光划破天空。罗伯特·金凯德指着上面说："我把这叫作'反射'。多数人把相机收起得太早。太阳落山后总是有一段时间天空出现真正美妙的光和色，只有几分钟，那是在太阳刚隐入地平线而把光线反射到天空的时候。"

弗朗西丝卡没说话，心里琢磨这是怎样一个人，草场和牧场的区别似乎对他那么重要，天空的颜色会引得他兴奋不已，他写点儿诗，可是不大写小说。他弹吉他，以影像为生，把工具放在包里。他就像一阵风，行动像风，也许本身就是从风中来的。

他仰望着天空，双手插在裤袋里，相机挂在左胯上。"月亮的银苹果/太阳的金苹果。"他用他的男中音中区声部像一个职业演员那样朗诵这两句诗。

她望着他说："W.B.叶芝，《流浪者安古斯之歌》。"

“对，叶芝的作品真好。写实，精练，感官的享受，美，富有魔力。合乎我爱尔兰传统的口味。”

他都说了，用五个词全部概括了。弗朗西丝卡曾想方设法向温特塞特的学生解释叶芝，但是没能让大多数人理解。她之所以选了叶芝，部分原因正是刚才金凯德说的，她想所有这些特质是会对那些十几岁的孩子有吸引力的，他们身上的腺体正跳得咚咚响，就像橄榄球赛半场休息时绕场而行的中学生乐队一样。然而他们受对诗歌的偏见的影响太深了，把诗看作是英雄气短的产物，这种观点太强烈了，连叶芝也克服不了。

她记得当她在班上读到“太阳的金苹果”一句时，马修·克拉克看着他旁边的男孩子，把双手拱起来做出女人乳房的样子。他们偷偷笑着，同他们一起坐在后排的女生都涨红了脸。

他们一辈子都会以这种态度生活下去，她知道这一点。这正是她灰心丧气之处。她感到受伤害，感到孤独，尽管表面上这个社会是很友好的。诗人在这里是不受欢迎的。麦迪逊县的人为弥补自己加给自己的文化自卑感，常说：“此地是孩子成长的好地方。”每当此时她总想回一句：“可这是大人成长的好地方吗？”

他们没有什么计划，信步向牧场深处走了几百码，拐了一个弯又向屋子走去。跨过铁丝网时夜幕已经降临，这回是他为她拉下铁丝网。

她想起白兰地来了：“我还有点白兰地，或者你宁愿要咖啡？”

“存在两样都要的可能吗？”他的言语从黑暗中传来。她知道他在微笑。

当他们走进草地和砾石地上场院的灯照出的光圈时，她回答说："那当然。" 听着自己的声音有点感到不安。这是那不勒斯咖啡馆里那种有点放荡的笑声。

很难找到两个一点没有缺口的杯子。虽然她知道他生活中用惯了带缺口的杯子，但是这回她要完美无缺的。两只盛白兰地的玻璃杯倒扣着放在碗柜深处，像那瓶白兰地一样从来没有用过。她得踮起脚跟才够得着，自己意识到凉鞋是湿的，蓝色牛仔裤紧绷在臀部。

他坐在原来坐过的那张椅子上注视着她。那古老的生活方式，那古老的生活方式又回到他身上来了。他寻思她的头发在他抚摸之下会有什么感觉，她的后背曲线是否同他的手合拍，她在他身子下面会有什么感觉。

古老的生活方式在挣扎，想要挣脱一切教养、几世纪的文化锤炼出来的礼仪、文明人的严格的规矩。他试图想点别的事：摄影、道路或者廊桥，想什么都行，就是别想现在她是什么样。

但是他失败了，他还是在想触摸她的皮肤会是什么感觉，两人的肚皮贴在一起会是什么感觉。这是永恒的问题，永远是同样的问题。该死的古老生活方式正挣扎着冒到表面上来。他把它们打回去，按下去，吸一支骆驼烟，深深地呼吸。

她一直感觉到他的目光盯在她身上，虽然他目光一直是含蓄的，从不是公然大胆的。她知道他知道白兰地从来没有倒进过这两只杯子。她也知道，凭他的爱尔兰人对悲剧的敏感性，他已感觉出一些这种空虚。不是怜悯，这不是他的事。也许是悲哀。她几乎可以听到他在脑海中形成以

经验的。

她心想他不知道在多少人家的厨房，在多少好饭馆里，多少灯光暗淡的客厅里实践过这一小手艺。他不知见过多少纤纤玉手捏着白兰地杯子的高脚，长长的指甲伸向他。有多少双蓝色圆眼睛、棕色长眼睛通过异国的夜空凝视过他——当抛了锚的帆船在岸边摇荡，当海水拍打着古老港口的堤岸？

厨房的顶灯太亮了，不适宜喝咖啡和白兰地。弗朗西丝卡·约翰逊，理查德·约翰逊之妻，要让它开着；弗朗西丝卡·约翰逊，一个走过晚饭后的草地重温少女时代旧梦的女人，要把它关掉。有一支蜡烛就足够了。不过这样太过分了，他会误解的。她打开洗涤池上面的小灯，把顶灯关了，这样不是十全十美，但是比较好些。

他举杯及肩向她伸去。“为了古老的夜晚和远方的音乐。”不知怎的，这些话让她倒吸一口气，不过她跟他碰了碰杯，虽然想说“为了古老的夜晚和远方的音乐”，却只是微微笑了一下。

他们两人都吸着烟，沉默不语，喝着白兰地，喝着咖啡。野外有一只山鸡鸣叫，杰克——那小狗——在场院里吠了两声。蚊子试着冲向桌子附近的纱窗，有一只不长于思考，却相信自己的本能的飞蛾被洗涤池上的小灯引得团团转。

还是挺热的，没有风，现在有点潮湿。罗伯特·金凯德微微出着汗，衬衫的头两个扣子解开着。他并没有直面看着她，不过她感觉得到他即使好像在注视着窗外，他视野的边缘也会扫到她。他转身时她可以从敞开的衬衫领口看到他的胸部，看见皮肤上小小的汗珠。

弗朗西丝卡正享受着美好的情怀，旧时情怀，诗和音乐的情怀。不过是他该走的时候了，她想。冰箱上的钟已指到九点五十二分。收音机里是法龙·扬在唱着一支几年前的老歌《圣·塞西利亚的神殿》，弗朗西丝卡记得那是公元三世纪的古罗马殉道者，是庇护音乐和盲人的圣者。

他的酒杯空了。正当他视线从窗外回过来时，弗朗西丝卡拿起白兰地瓶颈，向那空杯子做了个手势。他摇摇头。“要拍摄曙光中的罗斯曼桥。我得走了。”

她松了口气，又陷入失望。她心里来回翻腾：是的，请你走吧；再喝杯白兰地，留下来；走吧。法龙·扬并不关心她的感觉，洗涤池上的扑灯蛾也不关心，她不知道罗伯特·金凯德怎么想。

他站着，把一只背包甩到左肩，另一只放在冷藏箱上。她绕到桌子这边来。他伸出手来，她握着。“谢谢今晚。晚饭、散步，都好极了。你是一个好人，弗朗西丝卡。把白兰地放在碗柜靠外边的地方，也许过些时候会好起来的。”

他都明白了，正如她想到的。不过他的话一点也没冒犯她。他是指的浪漫情调。而且从最好意义上讲是认真的，从他柔和的语言和说这些话的神态中看得出来。不过她有一点不知道，那就是他当时真想对着厨房的四壁大喊，把以下的话刻进白粉墙中：“看在耶稣的分上，理查德·约翰逊，你真是像我认定的那样，是一个大傻瓜吗？”

她送他出去，站在他的卡车旁等他把东西装进去。小狗穿过场院跑过来围着卡车嗅来嗅去。“杰克，过来。”她轻声而又严厉地命令它，于是那狗过来坐在她旁边，大口喘着气。

“再见，多保重!”他站在卡车门口正面看了她一会儿。然后一下子坐到了方向盘后面，随手把门关上。他转动那老旧的引擎，使劲踩着油门，车子嘎嘎喇喇地开动了，他从窗口伸出头来笑着说:“我想这车需要调音了。”

他换挡，倒车，又换挡，然后在亮光中穿过场院。刚好在进入黑暗的小巷之前左手伸出窗口向她招手，她也挥手相报，虽然明知他看不见。

当卡车沿小巷开出时，她跑过去站在暗中注视着那红灯随着车的颠簸上下跳动。罗伯特·金凯德向左转上了通往温特塞特的大路，炎热的闪电划破夏空，杰克一跳一蹦回到廊下。

他走后，弗朗西丝卡赤身裸体站在镜台前。她骨盆因生过孩子稍微张大了一点，乳房还很结实好看，不太大不太小，肚子稍微有点圆。在镜子里看不见双腿，但是她知道还是保持得很好的。她应该更经常地剃剃汗毛，不过好像也没什么意思。

理查德对性生活的兴趣不太经常，大约两个月一次，不过很快就结束，是最简单的，不动感情的。似乎也不注意什么洒香水、剃汗毛之类的事，所以人很容易邋遢起来。

她对于他更像一个生意合伙人而不是其他。她本人的一部分觉得这样挺好。但是她身上还有另外一个人在躁动，这个人想要淋浴，洒香水……然后让人抱起来带走，让一种强大的力量层层剥光，这力量她能感觉到，但从未说出过，哪怕是朦朦胧胧在脑子里也没有说过。

她重新穿好衣服，坐在厨房餐桌边，在半张白纸上写字。杰克跟着她到外面那辆福特小卡车旁，她一开车门它就跳了进去，坐到了副驾驶座上。当她把车倒出车棚时，它把头伸到窗外，回头看看她，又伸到窗外。她把车开出小巷，向右转到县公路上。

罗斯曼桥一片漆黑。不过杰克先跳下去在前面探路，她从卡车里拿出一个手电，把纸条用大头针钉在桥左边入口处，然后回家。

星期二的桥

黎明前一小时罗伯特·金凯德驶过理查德·约翰逊的信箱，嚼一口银河牌巧克力，咬几口苹果，把咖啡杯子放在座位上夹在两腿中间以免泼翻。他经过朦胧将灭的月色中那所白房子时抬头望一望，摇头叹息男人多愚蠢，有些男人，多数男人。他们至少可以做到喝杯白兰地，出门时不要摔那纱门。

弗朗西丝卡听见那辆走调的小卡车经过。她躺在床上，光着身子睡了一夜，这是她记忆中的第一次。她能想象金凯德的样子，头发被车窗卷进的风吹起，一只手扶着方向盘，另一只手拿着一支骆驼牌香烟。

她倾听车轮隆隆向罗斯曼桥的方向逐渐杳然。她开始在脑海里翻腾叶芝的诗句："我到榛树林中去，因为我头脑中有一团火……" 她表达这首诗的方式介乎教学和祈求之间。

他把车停在离桥比较远的地方，以便不妨碍他摄影的构图。他从车座后面小小的空间拿出一双及膝的胶皮靴，坐在车的踏板上，解开皮鞋带换上。把一只有两根带子的背包背在双肩，三脚架的皮带挂在左肩，右手拎着一只背包，通过陡峭的河岸向小溪边走去。

要用技巧把桥摆在某一角度以便在构图上突出来，同时要收进一角小溪而避开桥入口处墙上那些乱刻的字。桥后面的电话线也是个问题，但是通过精心确定框架也可以处理好。

他把装好柯达彩卷的尼康相机拿出来装在沉重的三脚架上，拧紧螺丝钉。相机装着24毫米镜头，他换上他最喜欢的105毫米镜头。东方已显出灰蒙蒙的光线，他开始试验他的构图，把三脚架向左移二英尺，调整了陷入溪边烂泥中的那只脚，把相机带子绕在左腕上，这是他在水边照相时经常做的，因为由于三脚架倒在水里而损失的相机太多了。

红光出现，天空渐渐亮起来。把相机向下拉六英寸，调整三脚架的腿。还不对。再往左移一英尺，再调整架腿。把相机在架顶放平，光圈调整到f/8。估计一下原野的深度，通过高焦距的技术把它放到最大限度。把快门线套紧在快门上。现在太阳百分之四十在地平线上面，桥上的旧漆变成一种暖红色，这正是他所要的。

从左胸口袋中拿出光谱仪，对到f/8。需要曝光一秒钟，不过柯达胶卷能坚持到这一极限。从取景器望出去。相机调得很准。他拉了一下快门线，等待一秒钟过去。

正当他拉快门时，忽然见到一样东西。他再从取景器望过去。“那桥入口处挂着什么鬼东西？”他叽咕着，“一片纸。昨天并不在那儿呀。”

扶稳三脚架，跑上岸去，身后的阳光迅速追上来。那张纸整整齐齐地别在桥上。把它撕下来连大头针一起放进背心口袋里。赶紧跑到岸边，下去,走到相机后面,太阳已升起百分之六十。

跑得气喘吁吁,再拍一次,重复两次以便留个副本。没有风,草纹丝不动。为保险起见,照了三张两秒的,三张一秒半的。

把镜头光圈调到f/16,整个程序再重复一遍。把三脚架和相机拿到小溪当中去,安置好,印上脚印的淤泥向后移去。这段连续镜头再完整地拍一遍。装一卷新的柯达彩卷,换镜头,把24毫米的装上,把105毫米的放进口袋,涉水而上,离桥近些。调整,对好,核对光线,拍三张照,再照几张备用作为保险。

把相机竖起来,重新构图,再拍,同样的场景,依次拍摄。他的动作没有一点不灵便之处,一切都是那么娴熟,每个动作都有道理,意外情况都得到高效率的、专业化的处理,不落痕迹。

上得岸来,背着器材穿过桥,同太阳赛跑。现在进入紧张阶段。抓出已经装好感光速度更快的胶卷的相机,把两架相机都套在脖子上,爬上桥后的树。树皮扎破了手臂——“去他妈的!”继续爬。现在高高在上,从一个角度望见桥,小溪上正闪着阳光。

用测光表把桥顶单独划出,然后是桥的背阴影面。就在水边读仪器的指数,把相机架好,拍九张照片,再拍备份照,把相机放在塞在树丫杈之间的背心上,换相机,换感光速度更快的胶卷,又照了十几张。

爬下树来,再下河岸,架起三脚架,再装上柯达彩卷,构图同第一批一样,不过是从小溪对面照的。把第三架相机从包里拉出来,那是架旧SP测距离的相机,现在是拍黑白照了。桥上的光线一秒钟一变。

经过紧张的二十分钟——这种紧张只有军人、外科医生和摄影师才能体会，罗伯特·金凯德把背包甩进卡车，沿来路驶回去。离镇西的猪背桥有十五分钟的路程，如果他赶快的话还可能在那里照几张相。

尘土飞扬，点起骆驼牌烟，卡车颠簸前进，驶过那间朝北的白木屋，驶过了理查德·约翰逊的信箱。没有她的影子。你能期待什么呢？她是结了婚的，过得挺不错。你也过得不错。谁需要这些麻烦事？美好的夜晚，美好的晚餐，美好的女人。就让它这样吧，不过，天哪，她真迷人。她身上有一种什么。有一种什么，使我目光很难从她身上移开。

他绝尘而过弗朗西丝卡的住处时，她正在牲口棚里劳动。牲口的喧闹声掩盖了一切路边的声音。而罗伯特·金凯德正向猪背桥驶去，追光逐年地疾驰而过。

第二座桥很顺利。那桥在山谷中，在他到达时周围雾还未散尽。他通过300毫米的镜头取得的景是左上角一轮大太阳，其余部分是通向桥的蜿蜒的白石路和那座桥本身。

然后他在那老式测距离相机中收进了一个农夫赶着一队浅棕色的比利时种马，拉着一辆车在白色的路上走。这是最后的旧式老乡了，金凯德想着，笑了。当好镜头来到时，他是知道的，他拍摄时已经能想见最后印出来是什么样。拍竖镜头时他留下了一片光亮的天空，可以在上面写下标题。

八点三十五分时他收起三脚架，自我感觉良好。一早晨的工作是有成绩的。这是农村风味的保守的作品，但是很好，很扎实。那张农夫赶马车的照片甚至也许可以作封面照，所以他在图片上方留下了空白，以便印上标题或标志。编辑们喜欢这种设想周到的工艺。这是罗伯特·金凯德得到委任的原因。

他七卷胶卷差不多都照完了，把三架相机退空，然后手伸进背心左下方的口袋里去拿另外四卷。“妈的！”大头针扎了他食指一下。他忘了从罗斯曼桥拿下那张纸时连大头针一起放进口袋了。事实上他连那张纸也忘了。他掏出来，打开读：“‘当白蛾子张开翅膀时’，如果你还想吃晚饭，今晚你事毕之后可以过来，什么时候都行。”

他禁不住微微一笑，想象弗朗西丝卡·约翰逊带着这张纸条和大头针在黑暗中驱车到桥头的情景。五分钟之后，他回到镇上。当德士古加油站的人把油箱加满，核对油量（“下去了一夸特”）时，他用加油站的投币电话打电话。薄薄的电话簿让油污的手指翻得黑不溜秋。有两个“R.约翰逊”的名字，不过其中一个有镇上的地址。

他拨了乡下的那个号码等着。厨房电话铃响时弗朗西丝卡正在后廊喂狗。第二下还没来得及响时她拿起听筒：“约翰逊家。”

“喂，我是罗伯特·金凯德。”

她体内又跳动起来，像昨天一样。好像有一根东西从胸部插到腹部。

“收到你的纸条了，W. B.叶芝做信使，以及种种一切。我接受邀请，不过可能要晚一点。天气很好，所以我计划拍摄——让我想想叫什么来着？杉树桥……今晚拍。完事可能要九点钟之后了，然后我还要洗一洗，所以到这儿可能要九点半到十点。行吗？”

不行，她不愿等这么长。不过她还是说："当然可以，把工作做完吧，那才是重要的。我来做一点很方便的东西，等你来了一热就行了。"

然后他又说："如果你愿意来看我拍照也很好，不会妨碍我的，我可以在大约五点半来接你。"

弗朗西丝卡思忖着这个问题。她愿意跟他一道去，但是有人看见怎么办？假如理查德知道了，她怎么跟他说？

杉树桥与新的公路平行，在河上游的五百码处，是水泥桥。她不会太引人注意，会吗？不到两秒钟，她决定了。"好吧，我愿意。不过我自己开我的卡车去那里跟你会面，什么时候？"

"大约六点钟。那么在那里见你，对吧？回头见。"

以后整天时间他就在当地的报馆里翻过期的报纸。小镇挺秀丽，有一个蛮舒服的县政府广场，他就坐在那里树荫下的长板凳上吃午饭，一小袋水果、一些面包，还有从街对过儿咖啡馆里买的一瓶可乐。

他走进咖啡馆去买可乐带走时刚过午后。就像在早年荒野的西部酒馆里出现了当地的枪手一样，热闹的谈话中断了一小会儿，大家都打量他。他讨厌这样，觉得不自在，但这是所有小镇的标准程序。有个新来的人！跟我们不一样！他是谁？他来这儿干什么？

"有人说他是个摄影师。说是看见他今天早晨在猪背桥那儿，带着各式各样的相机。"

"他卡车的牌子说明他是从西部华盛顿那边来的。"

"整个早晨都在报馆里。吉姆说他翻报纸找关于廊桥的资料。"

“是啊。德士古的小费希尔说他昨天到过那里打听去所有廊桥的路。”

“他要知道这干什么?”

“怎么会真有人要这些桥的照片?都挺破的,快塌了。”

“他头发可真长,有点儿像那些‘甲壳虫’的家伙,或者还有那个叫什么玩意儿来着?嬉皮士!是不是?”这句话引起后边雅座里和邻桌一阵哄笑。

金凯德拿着可乐走出门去,那些目光还在盯着他。也许他请弗朗西丝卡出来是犯了一个错误,为她着想,不是为他自己。如果有人在杉树桥看见她,消息就会由德士古加油站的小费希尔从过往行人那里接过,然后在第二天早餐时传到咖啡馆。也许比这还快。

他已经体会到千万不能低估小镇传递小消息的远程通信效应。对苏丹饿死二百万儿童可以完全无动于衷,可是理查德·约翰逊的妻子和一个长头发的陌生人在一起出现,这可是大新闻!这新闻可以不胫而走,可以细细咀嚼,可以在听的人的心中引起一种模糊的肉欲,成为那一年中他们感觉到的唯一的波澜。

他吃完午饭走到县政府广场停车场的公用电话亭,拨了她的号码,铃响三次时她接了电话,稍稍有点气喘。“喂,还是罗伯特·金凯德。”

她立刻胃里一阵紧缩,她想,他来不了啦,一定是打电话来告诉我这个。

“我直截了当说吧。由于小镇人的好奇心,如果你今晚跟我一块儿出来有问题,那就别勉强。坦率地说,我对这里的人怎么想我,完全不在乎,爱怎么想就怎么想,我晚些时候会到你那儿去的。我要说的是我可能不该请你出来,所以你无论如何不必勉强,尽管我很愿意你跟我一起去。”

自从上次通话之后她也一直在想这个问题。但是她决心已定。“不,我想看你工作,我不担心闲话。”她实际是担心的,但是自己身上有某种东西在主宰着,要做冒点风险的事。不管付出什么代价,她就是要到杉树桥去。

“好极了。我只是想再核实一下,待会儿见。”

“好吧!”他很敏感,但她早就知道了。

他四点钟回到汽车旅馆,在洗涤池里洗了点衣服,穿上一件干净衬衫,另外放了一件在卡车里,还有一条卡其布裤子和一双棕色凉鞋,那凉鞋是他在一九六二年摄制关于通向大吉岭的那条微型铁路的新闻时在印度买的。在一家小酒馆买了两箱六瓶装的百威啤酒,把其中八瓶——最多能放进八瓶——放进冷藏箱,排在那些胶卷周围。

真热,天又真正地热起来了。艾奥瓦近黄昏的午后骄阳淫威所到之处,水泥、砖、土已吸足了热气,此时更火上添油,从西方火辣辣地照过来。

小酒馆很暗,还算凉快,前门开着,天花板上有个大电扇,还有一台立式电扇在门口以一百零五分贝的响声转着。不过不知怎的,那风扇的响声、陈啤酒的味道、电唱机的高音喇叭,还有酒吧前一张张半含敌意盯着他看的脸,使他感觉这儿比实际更热。

外面公路上阳光炙人,他想念喀斯喀特山脉和基达卡附近圣胡安德福卡海峡沿岸的枞树和清风。

不过弗朗西丝卡·约翰逊看起来挺凉快。她把她那辆福特卡车停在桥附近的树丛后面，正倚着挡泥板站着。她还穿着那条特别合身的牛仔裤，凉鞋，那件白色棉制圆领衫衬托得她身材倍加妩媚。他把车停在她的车旁，一边向她招招手。

“嗨！真高兴看见你。太热了！”他说。平淡无味、不着边际的谈话。在一个他有所动心的女人面前的老感觉又来了。除非谈严肃的事，他总是不知说什么好。虽然他很有幽默感，只是稍有点怪，但是他的思想本质上是严肃的，处事认真。他母亲常说他在四岁时就是大人了。作为一名专业人员，这对他很好，但是就思维方式而言，这种性格在一个弗朗西丝卡·约翰逊这样的女人面前对他并不利。

“我想看你制作照片，你不管它叫‘拍’。”

“你马上就会看见的，而且你会发现这相当枯燥。至少其他人一般都这样认为。这跟听别人弹钢琴不一样，那你能参与进去共同欣赏。摄影这玩意儿，制作和表演之间要隔很长时间。今天我只是制作，等照片在什么地方登出来，那才是表演。你今天要看到的只是大量的胡摆乱弄。不过太欢迎你来了，你来了我真的高兴。”

她反复品味着最后几个字，他不一定需要说。他可以说到“欢迎”为止，但是他没有止于此。他是真诚地高兴看到她，这很清楚。她希望她到这儿来的本身也能使他体会到同样的意思。

“我能帮你什么忙吗？”他穿上胶皮靴的时候她问。

“你可以帮着拿那只蓝背包，我拿那只土黄色的和三脚架。”

于是弗朗西丝卡成了摄影师助手。他刚才说得不对，可看的多着呢。

这是某种表演，只是他自己没有意识到。她昨天就注意到了这一点。他把她吸引住，部分也是因为这个。他优美的风度，犀利的目光，正在工作的上臂的肌肉，特别是他移动身体的姿势。所有她认识的男人与他相比都显得笨手笨脚。

但是他并非行动匆忙，相反，他完全从容不迫。他有一种羚羊般的素质，尽管她看得出他柔韧而坚强。也许他更像豹而不像羚羊。是的，豹，就是它。她感觉得出来他不是被捕食动物，而是相反。

“弗朗西丝卡，请递给我那架有蓝背带的相机。”

她打开背包，拿出相机，对这些他随随便便摆弄的昂贵的器材特别小心翼翼。相机的镀铬的取景器上刻着“尼康”，左上角有一个“F”字母。

他此刻正跪在桥的东北方向，三脚架调得很低，他伸出左手，眼睛没有离开取景器，她把相机递给他，看着他的手摸到相机后一把抓住镜头。他摆弄一下她昨天看见从背心挂出来的绳子一端的活塞，快门闪了一下，他扳了一下快门，又闪了一下。

他摸到三脚架顶，拧松了螺丝钉，把相机卸下来换上了她递给他的那架。他在拧紧新相机时回过头来向她笑着说：“谢谢，你是一流的助手。”她脸微微红了一下。

天哪，他是怎么回事！他像从外星骑着彗星尾巴乘风而来落在她巷子口的什么生物。我为什么不能简单地说一句“不谢”？她想。我在他面前有点迟钝，但是这不是由于他的所为，是我自己，不是他。我就是不习惯和他这样思维敏捷的人在一起。

他涉过小溪走到对岸。她带着蓝背包从桥上穿过去站在他背后，感到很快活，快活得奇怪。这里充满活力，他工作方式中有一种力量。他不是等待天然景色，而是轻柔地把它掌握过来，根据自己的想象加以塑造，让大自然来适应他心目中所见到的景象。

他把他的意志强加于景观，用不同的镜头，不同的胶卷，有时用一个滤光片来抵消光线的变化。他不是单纯地同自然做斗争，而是用技巧和智慧来主宰它。农夫也用化学物质和推土机来主宰土地。但是罗伯特·金凯德改变大自然的方式是有弹性的，每当他工作完毕之后总是让事物恢复本来面目。

她看着他跪下去时牛仔裤紧绷在他臀部肌肉周围，看着他褪色的斜纹布衬衫贴在背上，灰发盖在衣领上，看着他怎样跪坐下来调整一项设备。长久以来第一次，她单是由于注视别人而两腿之间湿漉漉的。当她感觉到这一点时，就仰望夜空深深呼吸，听见他轻声骂了一句，因为有一个滤光片卡住了，从镜头上拧不下来。

他又涉水回来向卡车走去，穿着胶皮靴啪嗒啪嗒在水里走着。弗朗西丝卡钻进了廊桥。当她从另一端出来时，他正蹲在那里拿相机对着她。她沿着路向他走去时他按了一下快门，扳过来，又按第二下，第三下。她觉得自己有点不好意思地笑了笑。

“别担心，”他笑着说，“不得你的允许我绝不会把这些照片用在任何地方。我工作已经做完。我想我先到汽车旅馆去冲个澡再出来。”

“好吧，随便你。不过一条毛巾、一次淋浴，或者那水泵或者随便什么东西我总还可以提供的。”她低声地、恳切地说。

“好吧，听你的。你先去吧，我要把这些器材装进哈里——我的卡车，然后立刻就来。”

她把理查德的新福特车退出树丛，开到桥外的大路上，右转弯向温特塞特方向，然后插入西南朝家开去。风沙太大，看不见他是否跟在后面，不过有一次在绕过一个弯道时她觉得她看见了他的车灯，在一英里之外随着那他管它叫“哈里”的卡车跳动。

那一定是他，因为她刚一到家就听见他的车驶进小巷。杰克先吠了几声，随即静了下来，自己咕噜着：“就是昨晚那小子，我猜，那没事儿。”金凯德停下来跟它说了会话。

弗朗西丝卡从后廊走出来。“冲澡吗？”

“那太好了，给我指路吧。”

她领他上楼到浴室去，那是孩子们长大之后她逼着理查德装的。这是极少数他拗不过她的要求之一。她喜欢在晚上洗长时间的热水澡，而且不想让十几岁的孩子闯入她的私人地盘。理查德用另外一个浴室，他对她浴室内的妇女用品感到不舒服，用他的话说：“太风骚。”

到这间浴室非通过他们的卧室不可。她给他开了门，从脸盆下面的柜子里拿出几条大小不一的毛巾。“需要什么就随便用。”她轻轻咬着下嘴唇微笑着说。

“如果你有剩的话，我想借洗发精用用，我的放在旅馆了。”

“当然可以。你挑吧。”

“谢谢。”他把干净的换洗衣服扔在床上，弗朗西丝卡注意到了卡其布裤子、白衬衫和凉鞋。当地男人没有穿凉鞋的。有少数从镇上来的人开始在高尔夫球场上穿百慕大短裤，但是农夫们都不穿。可凉鞋……从来没有。

她走到楼下，听见淋浴声开始了。他现在是光着身子，她想着，感到下腹有异样的感觉。

当天早些时候他来过电话之后，她曾驱车四十英里到得梅因去，进了州政府特批的酒类专营店。她对酒没有经验，向售货员要上好葡萄酒。售货员也不比她多懂多少，这没关系。于是她就自己一排排看过去，忽然看见一瓶上面贴着“瓦尔波里切拉”商标，她记得是很久很久以前的意大利干红葡萄酒，于是买了两瓶，还有一瓶细颈玻璃瓶装的白兰地，觉得自己放荡不羁而老于世故。

下一步，她到市中心一家店物色一件夏装。她找到了一件浅粉色细背带的。那衣服后背开得很低，前领陡地凹下去，穿起来半截乳房露在外面，腰间用一根细带子系起来。又买了一双白凉鞋，很贵，平底，鞋帮上有精细的手工花纹。

下午，她做夹馅辣椒，用番茄酱、黄米、奶酪和香菜末拌馅儿，然后是简单的菠菜色拉、玉米面饼，甜点是苹果酱蛋奶酥。除了蛋奶酥之外，都放进了冰箱。

她急急忙忙把新买的连衣裙改短到齐膝。得梅因的《注册报》在初夏时登过的一篇文章说这是今年流行的长度。她一向认为新潮服装怪里怪气的，那是人们乖乖地听命于欧洲设计师。不过这个长度对她特别合适，所以她就把裙边裁到那里。

葡萄酒是个问题。这里的人都把它放到冰箱里，可在意大利他们从来不这么做。但是就放在厨房台子上又太热。她想起了建在泉水上的小屋，夏天那里温度总是在六十华氏度上下，于是她把葡萄酒靠墙放着。

楼上淋浴停止时刚好电话铃响了。是理查德从伊利诺伊打来的。

“一切都好吗?”

“好。”

“卡罗琳的小牛要在星期三参评，第二天我们还要看点别的，星期五回家，会比较晚。”

“好吧。好好玩，回来开车小心点。”

“弗兰妮，你没事吧？声音有点不太对。”

“没事儿，我挺好。就是天太热。洗个澡就好了。”

“好吧，问杰克好。”

“好，我会的。”她扫了一眼杰克，它趴在后廊的水泥地上。

罗伯特·金凯德从楼上下来进入厨房。白色领尖带纽扣的衬衫，袖子刚好卷到胳膊肘，浅卡其布裤子，棕色凉鞋，银手镯。衬衫头两个扣子敞着，露出银项链。他的头发还是湿的，梳得整整齐齐，中分印。她对凉鞋感到新奇。

“我现在把野外穿的脏衣服拿到车里去，然后把那些家伙拿进来擦擦干净。”

“去吧。我要洗个澡。”

“要不要洗澡时喝杯啤酒?”

“要是你有富余的话。”

他先把冷藏箱拿进来,给她拿出一瓶,为她打开。她找出两个高玻璃杯当啤酒杯。他回到卡车拿相机时她拿着啤酒上楼,注意到他已经把澡盆洗干净了。于是放了一大盆热水泡了进去,把啤酒杯放在澡盆旁边的地上,开始擦肥皂,剃汗毛。几分钟以前他刚在这儿躺过,她现在躺的地方热水曾流过他的身体,她觉得十分性感。几乎一切与罗伯特·金凯德有关的事都开始使她觉得性感。

像洗澡时喝一杯冷啤酒这样简单的事,她都觉得多么风雅。为什么她和理查德就不能有这样的生活?她知道部分的原因是长期习惯养成的惰性。所有的婚姻,所有的固定的关系都有可能陷入这种惰性。习惯使一切都可以预见,而这预见本身又带来安逸,这点她也体会到了。

还有那农场,像一个缠人的病人一样需要时时刻刻关心,尽管不断更新的代替人力的设备使劳动比以前减轻了许多。

可是这里的生活还不止于此。可预见是一回事,怕改变又是一回事。理查德就是怕改变,他们婚后生活的任何改变他都害怕。通常连谈也不愿意谈。特别不愿谈性爱。性爱这东西对他来说是危险的,在他的想法中是不体面的。

可是他绝不是绝无仅有的,而且也绝不能责怪他。在这里竖起的拒自由于外的屏障是什么?不仅存在于农场上,而且存在于乡村文化之中,也可以说是城市文化之中。为什么要竖起这些围墙、篱笆来阻挠男女之间不作伪的、自然的关系？为什么缺少亲密？为什么没有情欲？

妇女杂志正在谈论这些事，女人们开始不仅对自己生活中卧室里发生的事情有所期待，而且对自己在更大范围的设计图中的地位也有所期待。像理查德这样的男人——她猜想大多数男人——受到这种期待的威胁。从某种意义上讲，女人正在要求男人们既是诗人同时又是勇猛而热情奔放的情人。

女人看不出二者之间有什么矛盾，男人们却认为是矛盾的。他们生活中的更衣室、男人的晚会、弹子房和男女隔离的聚会都定出一套男性的特点，这里面是容不下诗意或者任何含蓄细致的情调的。所以，情欲如果是一种细致的感情，本身是一种艺术——弗朗西丝卡认为是的——那么，在他们的生活结构中是不存在的。于是男女双方在烦乱的、巧妙的互相应付中继续过着同床异梦的生活。与此同时，女人们在麦迪逊县的漫漫长夜里只有面壁叹息。

而罗伯特·金凯德的头脑中有某种东西能对这一切心领神会。这点她能肯定。

她走进卧室褪去毛巾时注意到已经十点过了一点儿。天还很热，不过洗澡使她凉快下来。她从衣橱里拿出新衣服。

她把长长的头发拢到后面用一只银发卡卡住，戴上一副大圈圈的银耳环，还有一只也是那天早晨在得梅因买的宽大的银手镯。

还是“风歌”牌香水。在拉丁式的高颧骨的两颊薄施胭脂，那粉红色比她的衣服还要淡。她平时穿着短裤短衫在田间劳动而晒黑了的皮肤衬托得全套服饰更加鲜亮。裙子下面露出两条修长的腿,十分好看。

她在镜台前转过来转过去,顾盼自怜,心想,我已是尽力而为了,然后又欢喜地说出声来:“不过还是挺不错的。”

她走进厨房时罗伯特·金凯德正在喝第二杯啤酒,并且在重新把相机装进包里。他抬头看着她。

“天哪。”他柔声说。所有的感觉,所有的寻觅和苦思冥想,一生的感觉、寻觅和苦思冥想此时此刻都到眼前来。于是他爱上了弗朗西丝卡·约翰逊——多年前来自那不勒斯的、艾奥瓦州麦迪逊县的农夫之妻。

“我想说”——他的声音有些发抖,有些嘶哑——“假如你不介意的话,我想说你简直是光艳照人,照得人眼花缭乱晕头转向。我是认真的。你是绝代美人,弗朗西丝卡,是从这个词的最纯正的意义上说的。”

她可以感觉得出来他的倾慕是真诚的。她尽情享受这欢乐和得意,沐浴其中,听凭漩涡没顶,像是多年前抛弃了自己今又归来的不知何方仙女双手洒下的甘油浸透每个毛孔。

就在这一刹那间,她爱上了罗伯特·金凯德——来自华盛顿州贝灵厄姆的,开着一辆名叫哈里的旧卡车的摄影家,作家。

又有了能翩翩起舞的天地

在一九六五年八月那个星期二的晚上，罗伯特·金凯德目不转睛地盯着弗朗西丝卡·约翰逊。她也定定地看着他。他们在相距十英尺外紧紧拴在一起，牢固地，亲密地，难解难分。

电话铃响了。她还盯着他看，第一声没有挪动脚步，第二声也没有。在第二声响过，第三声尚未响起之前的长时间寂静之中他深深地吸了一口气，低下头去看他的相机袋。于是她才能挪步穿过厨房，拿起正好挂在他椅子背后墙上的电话。

"约翰逊家……嗨，玛吉，是的，我很好。星期四晚上?"她算了一下：他说他要待一星期，他是昨天到的，今天刚刚星期二。这回说谎的决心很容易下。

她站在通向游廊的门口，左手里拿着电话，他坐在她能摸得着的地方，背对着她。她右手伸过去随便地搭在他的肩膀上，这是有些妇人对她们在意的男人常有的姿态。仅仅不到二十四小时，罗伯特·金凯德已经成了她在意的人。

“噢，玛吉，我那天没空，我要到得梅因去采购，我压下了好多事没做，这是好机会，你知道理查德和孩子们正好出门去了。”

她的手轻轻放在他身上。她能感觉得出他领子后面从脖子到肩膀的肌肉。她望着他浓密的、梳着整齐的分头的灰发，看它怎样披到领子上。玛吉还在唠叨。

“是的，理查德刚来过电话……不，明天，星期三才参评呢。理查德说他们要星期五很晚才回家。他们星期四还要看点什么。回来要开很长时间的车，特别是那辆运牲口的车……不，橄榄球赛还要再过一个星期之后才开始，呃呃，一星期，至少迈克尔是这么说的。”

她意识到隔着衬衫他的身体有多热。这股热气进入她的手，传到她的胳膊，然后散到全身任意流动，到处通行无阻，她也的确丝毫没有想加以控制。他端坐在那里一动不动，不愿出任何足以引起玛吉怀疑的声响。弗朗西丝卡理解这一点。

“噢，是的，那是一个问路的人。”她猜一定是弗洛伊德·克拉克一回家就告诉他妻子昨天路过约翰逊家时看见场院里停着一辆绿色小卡车。

“是个摄影记者？咳，我不知道，我没注意，可能是吧。”现在谎话来得越来越容易了。

“他是在找罗斯曼桥……是吗？给那些古旧的桥拍照，嗯？那好，这最不碍事了。”

“嬉皮士？”弗朗西丝卡嗤嗤笑起来，看着金凯德的头慢慢来回摆动，“哎，我搞不清嬉皮士是什么样儿的。这家伙挺有礼貌的。他只待了一两分钟就走了……我不知道意大利有没有嬉皮士，玛吉，我已经八年没去过那儿了。而且，我刚才说过，我想我就是看见了也不一定知道那就是嬉皮士。”

玛吉谈到她在什么地方读到的关于性解放、群居、吸毒等等。“玛吉，你来电话时我正准备进澡盆呢，所以我想我得赶快去了，要不水就该凉了。好，我会给你打电话的，再见!”

她不想从他身上把手抽走，但是现在没有借口不挪走了。于是她走到洗涤池旁打开收音机。还是乡村音乐。她转动频道，直到出来一个大乐队的声音，就停在那里。

“《柑橘》。”

“什么?”

“那支歌。叫作《柑橘》，是关于一个阿根廷女人的。”又在顾左右而言他了。东拉西扯，说什么都行，就为抵制时间和那感觉。她听见他思想深处轻轻一声，门带上了，把两人关在一间艾奥瓦的厨房中。

她温柔地向他微笑。“你饿了吧? 我晚饭已经做好了，你什么时候想吃都行。”

“今天一天过得真好，真丰富。吃饭前我想再喝一杯啤酒。你愿意陪我喝一杯吗?”他在支吾其词，寻找自己的重心——正在一点一点失去的重心。

她愿意喝一杯。他打开两瓶，把一瓶放在她那边桌子上。

弗朗西丝卡对自己的外表和感觉都很满意。女性化，这就是她的感觉。轻盈、温暖、女性化。她坐在厨房椅子上，跷着二郎腿，裙边掀到右膝以上。金凯德靠在冰箱上，双臂交叉在胸前，右手拿着百威啤酒。她很高兴他注意到了她的腿。他的确注意到了。

她的全身他都注意到了。他本来可以早点退出这一切，现在还可以撤。理性向他叫道："丢下这一切吧，金凯德！回到大路去，拍完那些桥就到印度去，中途在曼谷停一下，去找那个丝绸商的女儿，她知道所有古老的令人迷醉的秘方。同她一起到森林水池中赤身游泳，然后把她从里到外翻个个儿，听她的尖叫声。丢开这里吧！"——现在那声音已经是牙缝中迸出来的嘶嘶声："你昏了头了！"

可是那慢步探戈舞曲已经开始了。他能听见，在某个地方有架古老的手风琴正在奏这支舞曲。也许是很久很久以前，也许是很久很久以后，他不能确定。但是它正慢慢逼近他。那声音模糊了他的一切行为准则，使得除了合二而一之外，其他一切选择都逐渐消失。那乐曲毫不留情地向他逼来，直到他已经没有任何其他出路，只剩下走向弗朗西丝卡·约翰逊一条道。

"如果你愿意，我们可以跳舞，这音乐跳舞挺不错的。"他以他特有的认真而怯生生的神情说，然后又赶快找台阶下，"我是不大会跳舞的，不过如果你愿意，我也许在厨房里还可以应付。"

杰克在抓游廊的门，要进来。让它在外面待着吧。

弗朗西丝卡只微微红了一下脸。"好吧。不过我也不大跳舞……现在已经不常跳了。我在意大利当姑娘的时候常跳舞，可现在只有到新年夜的时候才跳得多些,平时只偶然跳跳。”

他笑笑,把啤酒放在切菜台上。她站起身来,两人向对方移动。“这里是芝加哥WGN电台,现在是各位星期二夜间舞会节目时间,”那男中音播音员报告说,“广告之后我们继续。”

他俩都笑了,电话、广告,总有东西不断把现实插到他们中间。他们对此心照不宣。

不过他已经伸出手来,不管怎样已经把她的右手握在他左手之中。他轻松地靠在切菜台上,双腿交叉站着,右脚腕在上。她在他身旁,靠在洗涤池边,望着桌子边的窗外,感觉到他细长的手指攥着她的手。没有一丝风,玉米在成长。

“哦,等一下。”她不情愿地从他手里抽出自己的手,打开右边柜子底层,拿出两支白蜡烛来,那是她当天早晨在得梅因买的,同时还买了两个小小的铜烛台,把它们放在桌子上。

他走过去,把它们斜过来依次点着了,她同时关上顶灯。现在一切都在黑暗中,只有那两簇直挺挺的小火苗在一个无风的夜晚一闪也不闪。这简朴的厨房从来没有这么好看过。

音乐又开始了,对他俩来得正好,那是《秋叶》的慢处理。

她感到有点尴尬,他也是。不过他拿起她的手,一只手放在她腰间,她进入他的怀抱,尴尬的局面就消失了。不知怎的进行得很顺利。他把手在她腰间再往前挪了挪,搂得更近些。

她能闻见他的气味,干净、擦过肥皂、热乎乎的。这是好闻的、文明人的基本的气味,可此人的某一部分又像是土著人。

“香水很好闻。”他说,把交握的双手放在他的胸口靠近肩膀的地方。

“谢谢。”

他们慢慢地舞着,向哪个方向也没移动多少。她能感觉到他的腿顶着她的,他们的肚子偶然碰到一下。

歌声停止了。但是他还搂着她。嘴里哼着刚才这支歌的调子,他们保持着原样,直到下一支曲子开始。他自然而然地带着她跟着音乐跳起来,他们就这样继续跳着舞,窗外蝉声长鸣,哀叹九月的到来。

她隔着薄棉布衬衫能感到他肩膀的肌肉。他是实在的,比她所知道的任何事物都实在。他微微前俯使脸颊贴着她的脸。

在他们一起度过的时光,他有一次提到自己是最后的牛仔之一。那时他们正坐在后边压水泵旁边的草地上。她不理解,问他是什么意思。

他说:“有一种人是过时的产品,或者差不多如此。世界正在组织起来,对我和有些人来说太组织化了。一切事物都各就各位,每一件事物都有它的位置。是的,我承认我的相机是高度组织化的,但是我指的不只是这类事。规章制度、法律、社会惯例、等级森严的权力机构、控制范围、长期计划、预算、企业的权力。我们信赖‘百威啤酒’,到处都是皱巴巴的套装和贴在衣襟上的姓名卡。

“人和人不一样,有些人在即将到来的世界里可以如鱼得水;而有些人,也许就是像我这样的少数人,不行。你看看电脑、机器人以及它们能做的事。在旧世界里这些事我们都能做,是为我们设计的,别人或机器都干不了。那时我们跑得很快，强壮而敏捷，敢作敢为，吃苦耐劳。我们勇敢无畏，我们既能远距离投长矛，又能打肉搏战。

“最终，电脑和机器人要统治一切。人类操纵这些机器，但这不需要勇气和力量，以及任何我刚才说的那些特质。事实上，人已经过时了，无用了。只需要精子库传宗接代，而这已经开始出现了。女人说大多数的男人都是不中用的情人，所以用科学来代替性爱也没多大损失。

“我们正在放弃自己驰骋的天地，组织起来，矫饰感情。效率、效益还有其他种种头脑里想出来的花样。既然失去了自由驰骋的场地，牛仔就消失了，与此同时山上的狮子和大灰狼也消失了。给旅行者留下的余地不多了。

“我就是最后的牛仔之一。我的职业给了我某种自由驰骋的场地，是当今能得到的最大的场地了。对这我不感到悲哀，也许有一点怅惘。但这是必然要到来的，也许这是我们可以避免毁灭自己的唯一途径。我的论点是：男性荷尔蒙是这个星球上一切麻烦之源。统治另一个部落或另一个战士是一回事；搞出导弹来却是另一回事。拥有力量来像我们正在做的那样破坏大自然，那可又是另一回事了。雷切尔·卡森是对的，约翰·缪尔和奥尔多·利奥波德[1]也是对的。

“现代社会的祸根在于男性荷尔蒙在它能起长期破坏作用的地方占了压倒性优势。即使不谈国家之间的战争或是对大自然的袭击，也还存在

1　三人都是环保主义者。

那种把我们隔离开来的进攻性和我们需要研究解决的问题。我们需要以某种方式使这种男性荷尔蒙升华,或者至少把它们控制起来。

“大概已经到时候了,该收起童年的事物长大成人了。真见鬼,我认识到了这一点,我承认这一点。我正努力拍摄一些好照片,然后在我变得完全过时,或是造成严重损害之前退出生命。”

多少年来,她常常思考他说的这段话。从表面上看他似乎是对的,但是他的作风与他说的完全矛盾。他有一种一往无前的进攻性,但是他好像能够控制它,能够随自己的意愿加以发动或释放掉。这正是使她迷茫而又倾心之处——惊人的激烈,而又掌握得极有分寸,激烈得像一支箭,伴随着热情,没有丝毫低级趣味。

在那个星期二的夜晚,他们在厨房里跳舞,逐渐地,不知不觉地,越来越紧地靠在一起。弗朗西丝卡紧紧贴在他的胸前,心想不知他隔着她的衣服和自己的衬衣能否感觉到她的乳房,又觉得一定能的。

她觉得他真好,希望这一刻永远延续下去。继续放老歌曲,继续跳舞,继续贴紧他的身体。她又恢复了女儿身,又有了能翩翩起舞的天地。缓慢而又持续地,她回归本原,回到她从未去过的地方。

天很热,很潮湿,远处西南方向传来雷声,扑灯蛾奔烛光而来贴在纱窗上。

现在他已完全陷进她的怀抱,她也是一样。她挪开了脸颊,抬起头来用黑眼睛望着他,于是他吻她,她回吻他,长长的,无限温柔的吻,如一江春水。

他们放弃了假装跳舞,她双臂抱住他的脖子。他左手在她背后腰际,另一只手抚摸着她的头颈、面颊和头发。托马斯·沃尔夫曾提到“古老的渴望的鬼魂”。现在这鬼魂在弗朗西丝卡·约翰逊的身体里，在他们俩的身体里蠢蠢欲动。

弗朗西丝卡在六十七岁生日时坐在窗口望着秋雨细细回味。她拿着白兰地到厨房去，停下来凝视着他们两人曾经站过的那块地方，内心汹涌澎湃不能自已。每次都是这样的。这感情太强烈，以至于多年来她只敢每年详细回忆一次，不然单是那感情的冲力就会使她精神崩溃。

她必须克制自己不去回忆，这已成为她生死攸关的问题，尽管近年来那些细节越来越经常地回到脑海中来。她已停止设法制止他钻进她的身体。形象十分清晰、真实，而且就在眼前。然而又是那样久远，二十二年之久。但是慢慢地它再次成为她的现实，是她值得活下去的唯一的现实。

她知道她已六十七岁，并且接受这一现实。但是她无法想象罗伯特·金凯德已经要七十五岁。不能想，不堪设想，甚至连设想一下本身也不能设想。他就在这厨房里同她在一起，白衬衫、灰长发、卡其布裤子、棕色凉鞋、银手镯、银项链。他就在这里，胳膊搂着她。

她终于脱开了他，离开他们在厨房站着的地方，拉起他的手走向楼梯，走上楼梯，经过卡罗琳的房间，经过迈克尔的房间，走进自己的房间，打开一盏小小的床头阅读灯。

现在，这么多年之后，弗朗西丝卡拿着她的白兰地慢慢走上楼梯，右手拖在后边以回味当时他跟在后面上楼，经过走廊进入卧室的情景。

那有血有肉的形象铭刻在她脑海中，清晰得一如他切割整齐的照片。她记得梦一般的脱衣的程序，然后两人赤裸裸躺在床上。她记得他如何趴在她的身上，将胸部贴着她的肚皮缓缓移动，然后移过她的乳房。他一遍又一遍重复这一动作，好像老动物学教科书里写的动物求偶的仪式。他在她身上移动的同时轮番吻她的嘴唇和耳朵，舌头在她脖子上舐来舐去，像是南非草原的草丛深处一只漂亮的豹子可能做的那样。

他就是一只动物，是一只优美、坚强、雄性的动物，表面上没有任何主宰她的行动，而事实上完完全全地主宰了她，此时此刻她所要的正是这样。

但是这远不止于肉体——尽管他能这样长时间不疲倦地做爱本身也是其中一部分。爱他是精神上的。近二十年来人们谈爱情谈得太多了，这个字眼几乎都用俗了。但是她爱他是精神上的，绝不是俗套。

在他们做爱的当中，她用一句话概括了她的感受，在他耳边悄声说："罗伯特，你力气真大，简直吓人。"他力气的确大，但是他十分小心地使用它。然而还不仅如此。

性事是一回事。她自从见到他以来，一直有预期——至少是一种可能性——享受某种快感，摆脱日常千篇一律的方式。但是她没有预料到他这种奇妙的力气。

他简直好像占有了她的全部，一切的一切，让人害怕的正是这一点。从一开始她从来没有怀疑过，不管他们俩做什么，至少她有一部分是可以保持超越于罗伯特·金凯德之上的，那一部分属于她的家庭和麦迪逊县。

但是他就这么拿走了，全部拿走了。从他一开始从卡车里走出来问路时，她就早该知道这一点。那时他就像萨满教的巫师，她最初的判断是对的。

他们连续做爱一小时，可能更长些，然后他慢慢脱出来，点了一支烟，也为她点上一支烟。或者有时候他就静静躺在她身旁，一只手总是抚摸着她的身体。然后他又进入她体内，一边爱着她，一边在她耳边悄悄说些温情的话，在话语之间吻她，胳膊环住她腰际把两人相互拉进彼此的身体。

于是她喘着气，开始浮想联翩，听凭他把她带到他生活的地方去，而他生活在奇怪的、鬼魂出没的地方，沿着达尔文的逻辑上溯到久远。

她把头埋在他的脖子里，皮肤挨着他的皮肤，能够闻到河流、森林、篝火的气息；能够听到很久以前冬夜火车站火车喷着汽出站的声音；能够看到穿着黑色长袍的旅行者沿着结冰的河穿过夏天的草场坚定地披荆斩棘向着天尽头走去。那豹子一遍、一遍，又一遍掠过她的身体，像草原长风吹过，而她在他身下辗转翻腾，像一个奉献给寺庙的处女乘着这股风驶向那美妙的、驯服的圣火，勾画出忘却尘世的柔和线条。

于是她屏息轻声地喃喃细语："罗伯特……罗伯特……我把握不住自己了。"

她多年以前已经失去的性欲的亢奋，现在却和一个一半是人，一半是别的什么的生命长时间地做爱。她对他这个人和他的耐力感到惑然不解，他告诉她，他能在思想上和肉体上一样达到那些地方，而思想上的亢奋有它自己的特性。

她完全不懂他是什么意思。她只知道他拉来一条不知什么绳索，把他们两个紧紧绑在一起，绑得这么紧，如果不是她以冲天之势挣脱自己，是会窒息的。

夜正浓，那伟大的盘旋上升的舞蹈继续进行。罗伯特·金凯德摒弃了一切顺序感，回到他自己只同轮廓、声音和影子打交道的那部分。他沿着最古老的途径走下去，以阳光照亮的夏草和秋日红叶上的融霜为烛光，指引方向。

他听见自己向她耳语，好像是一个不属于他自己的声音在说话。是里尔克的诗的片段："我围绕古老的灯塔……已环行几千年。"还有印第安纳瓦霍人的太阳之歌中的词句，向她诉说她给他带来的种种幻象：空中飞沙、红色旋风、棕色鹈鹕骑在海豚背上沿着非洲的海岸向北游去。

在她弓身向他贴近时，一种声音，细微的、含意不清的声音从她口里发出。但这是他完全理解的声音，就在他身下这个女人身上，在他肚皮紧贴着她，探进她体内深处的女人身上，罗伯特·金凯德长年的寻觅终于有了结果。

终于，他明白了，一切都有了意义：他经过的所有荒滩上那些细小的脚印，从未起锚的船上装的那些神秘的货箱，黄昏时分他在蜿蜒的城市街道上踽踽独行时那些在面罩下注视他的一张张脸——所有的这一切的意义他终于都明白了。像一个老猎人远行归来，看到家中的篝火之光，孤寂之感就此融化。终于，终于……他走了这么远，这么远，来到这里。于是他以最完美的姿势趴在她身上，浸沉于终身不渝的、全心全意的对她的爱之中。终于！

到天亮时他稍稍抬起身子来正视着她的眼睛说:“我在此时来到这个星球上,就是为了这个,弗朗西丝卡。不是为旅行摄影,而是为爱你。我现在明白了。我一直在从高处一个奇妙的地方的边缘往下跌落,时间很久了,比我已经度过的生命还要多许多年,而这么多年来我一直在向你跌落。”

他们下楼时收音机还开着。天已破晓,但太阳还躲在一层薄薄的云后面。

“弗朗西丝卡,我要求你为我做一件事。”他笑着说。弗朗西丝卡正在手忙脚乱地摆弄着咖啡壶。

“什么事?”她看着他,心里想,天哪,我多爱他。她有点把握不住自己,还想再要他,永无止境。

“套上你昨晚穿的牛仔裤和圆领衫,还有那双凉鞋,不要别的。我要照一张相,留下你今天早晨的样子,一张只给我们俩的照片。”

她走上楼去,两腿由于整夜绕在他身上而有点发软,穿好衣服,同他一起走到牧场上。就在那里,他给她照了这张她每年都翻出来看的照片。

大路和远游客

罗伯特·金凯德在以后几天中放弃了摄影，而弗朗西丝卡·约翰逊除了压缩到最起码的必要劳动之外，也放弃了农场生活。两人所有的时间都待在一起，不是聊天，就是做爱。有两次，他应她要求为她弹着吉他唱歌，他的声音中上，有点不大自在，说她是他的第一个听众。她听了笑着吻他，然后往后仰去，躺在自己的感觉之中，尽情听他歌唱那捕鲸船和沙漠之风。

她坐着他的哈里跟他到得梅因去把照片寄到纽约。只要有可能，他总是把第一批的几卷底片先寄出，这样编辑就可以知道他的工作意向，技术员也可以先检查一下，看看他相机的快门是否运行正常。

随后他带她到一家豪华饭店吃午饭，在餐桌上握着她的手，以他特有的方式目不转睛地看着她。侍者瞧着他们微笑，暗中希望有一天自己也能感受到这样的感情。

她对罗伯特·金凯德这样意识到自己的生活方式正在逝去，还能处之泰然，感到不可思议。他眼看着那些牛仔们以及与他们类似的人，包括他自己，步步走向死亡。现在她开始理解为什么他说他是处于物种演变的一个分支的终端，是一个死胡同。有一次他谈到他所谓的最后的事物时悄声说道："'永不再来'，高原沙漠之王曾经这样喊道，'永不再来，永不再来！'"他沿着自己这一分支望出去，空无一物，他属于过时的品种。

星期四下午他们做爱之后进行了谈话。两人都知道这场谈话终须到来，而两人都一直在回避。

"我们怎么办？"他问道。

她默不作声，是内心极度矛盾的沉默，然后柔声说道："我不知道。"

"这样好吗，如果你愿意，我就待在这里，或是城里，或是随便什么地方。你家里人回来之后，我就径直跟你丈夫谈，向他说清楚现在的局面，这事不容易，不过我会做到的。"

她摇摇头。"理查德绝不会接受，他不是这样想问题的。他根本不理解什么魔力、激情以及其他我们谈过的、经历过的一切，他也永远不会理解。这不一定说明他是次一等的人。只不过这一切离他毕生感受过的或想过的太远了。他没法应付这样的事。"

"那么是不是我们就让这一切付诸东流？"他很严肃，没有笑容。

"这我也不知道。罗伯特，奇怪得很，你已经拥有了我了。我原来不想让人拥有，也不需要。我知道这也不是你的意图，但是事已如此。我现在并不是在草地上坐在你身旁，而是在你的身体内，属于你，心甘情愿当一个囚徒。"

他回答说："我不能肯定你是在我体内，或者我是在你体内，或者我拥有你。至少我并不想拥有你。我想我们两个都进入了另一个生命的体内，这是我们创造的,叫作‘咱们’。

“其实,我们也不是在那个生命里面,我们就是那个生命。我们都丢掉了自己,创造出了另一样东西,这东西只能作为我俩的交织而存在。天哪,我们就是在相爱,天上人间爱能有多深就爱得多深。

“跟我一起走四方吧,弗朗西丝卡! 这不成问题。我们可以在大漠的沙堆里做爱,在蒙巴萨的阳台上喝白兰地,瞭望阿拉伯三角帆船在初起的晨风中扬帆起航。我要带你去狮之国,到孟加拉湾边上一座古老的法国城市,那里有一个奇妙的屋顶饭店,还有火车穿过山间隧道,还有比利牛斯山的高处巴斯克人开的小旅店,在印度南部的老虎保护地的一片大湖中央的岛上有一个特殊的地方。如果你不喜欢大路上的生活,那么我就找个地方,开个店,专摄当地风光,或肖像,或者干一行随便什么能维持我们生活的营生。”

“罗伯特,我们昨夜做爱时你说的话我还记得。我不断地在你耳边说你力量多大,天哪,你可真是强有力。你说:‘我是大路,是远游客,是所有下海的船。’这是对的,你是这么感觉的,你感觉大路就在你身体里面。不,还不止如此。我不知道我能不能说清楚,从某种意义上说你本人就是大路。幻想与现实相遇的夹缝,就是你所在的地方,在外面大路上。大路就是你。

“你就是那旧背包,那辆叫作哈里的卡车,那飞向亚洲的喷气式飞机。我也愿意你是这样。假定如你所说,你的物种进化的分支是一条死胡同,那我也要你以全速冲向那终点。可是同我在一起你就不一定能这样做。你难道看不到，我是多么爱你，以至于我不忍看你有一时一刻受到约束。这样做等于把你这个野性的、无比漂亮的动物杀死，而你的力量也就随之而消亡。”

他要开口说话，被弗朗西丝卡制止了。

“罗伯特，我还没说完，假如你把我抱起来放进你的卡车，强迫我跟你走，我不会有半句怨言。你光是用语言也能达到这个目的。但是我想你不会这样做。因为你太敏感，太知道我的感情了。而我在感情上是对这里有责任的。

“是的，这里的生活方式枯燥乏味。我的生活就是这样。没有浪漫情调，没有情欲，没有在厨房里烛光中的翩翩起舞，也没有对一个懂得情爱的男人的奇妙的感受。最重要的是没有你。但是我有那该死的责任感，对理查德，对孩子们。单单是我的出走，我的身体离开了这里就会使理查德受不了，单是这一件事就会毁了他。

“除此之外，更坏的是，他得在当地人的闲言碎语中度过余生：‘那人就是理查德 · 约翰逊，他那意大利小媳妇几年前跟一个长头发的照相的跑了。’理查德必须忍受这种痛苦，而孩子们就要听整个温特塞特在背后叽叽喳喳，他们在这里住多久就得听多久。他们也会感到痛苦，他们会为此而恨我。

“我多么想要你，要跟你在一起，要成为你的一部分；同样的我也不能使自己摆脱我实实在在存在的责任。假如你强迫我跟你走，无论用体力或是用精神力量，我说过的，我都无力抗拒。我对你感情太深，没有力气抗拒。尽管我说了那么多关于不该剥夺你以大路为家的自由的话，我还是会跟你走，只是为了我自私的需要，我要你。

"不过，求你别让我这么做，别让我放弃我的责任。我不能，不能因此而毕生为这件事所缠绕。如果现在我这样做了，这思想负担会使我变成另外一个人，不再是你所爱的那个女人。"

罗伯特·金凯德沉默不语。他知道她说的关于大路、责任以及那负疚感会转变她是什么意思。他多少知道她是对的。他望着窗外，内心进行着激烈斗争，拼命去理解她的感情。她哭了。

随后他们两个长时间抱在一起。他在她耳边说："我只有一件事要说，就这一件事，我以后再也不会对任何人说，我要你记住：在一个混沌不清的宇宙中，这样明确的事只能出现一次，不论你活几生几世，以后永不会再现。"

他们那天夜里——星期四夜里——又做爱，在一起躺着互相抚摸，悄悄耳语，直到日出之后很久。然后弗朗西丝卡睡了一会儿。等她醒来时已是红日高照，而且已经很热。她听见哈里的一扇门嘎嘎作响，就披衣起床。

她到厨房时他已煮好咖啡，坐在桌子旁抽烟。他对她笑笑。她走过去把头埋在他脖子里，两手插进他的头发，他的胳膊搂着她的腰。然后他把她转过来，让她坐在怀里，抚摸着她。

终于他站了起来，他穿上了旧牛仔裤，干净的卡其布衬衫上两条橘黄色的背带，那双红翼牌靴子系得很紧，腰里插着那把瑞士军刀。他的照相背心挂在椅背上,口袋上露出快门线。牛仔已经穿扎停当,准备上马了。

“我该走了。”

她点点头,开始哭起来。她看见他眼中有泪,但是他一直保持着他特有的微笑。

“我可以给你写信吗?我想至少给你寄一两张照片。”

“可以,”弗朗西丝卡用挂在柜门上的手巾擦着眼睛说,“我可以找个借口解释收到一个嬉皮士摄影师的邮件,只要不太多。”

“你有我在华盛顿州的地址和电话号码,对吧?”她点点头。“如果我不在家,你就给《国家地理》杂志社办公室打电话,我来给你写下电话号码。”他在电话边的小本子上写上了号码,撕下那一页交给了她。

“你还可以在杂志上找到电话号码,向他们要编辑部。大多数情况下他们总是知道我的去处。

“你如果想见我,或者只是想聊聊天,千万别犹豫。不论我在世界上什么地方,你都可以给我打受话人付款的电话,这样你的电话账单上就不会显示出来。我会再在这儿待几天。再考虑一下我说过的话。我可以在这里待着,干脆利落地解决问题,然后我们可以一起驱车向西北方向去。”

弗朗西丝卡无言。她知道他能干脆利落地解决问题。理查德比他小五岁,但是无论在智力上或是体力上都不是罗伯特·金凯德的对手。

他穿上背心。她已失魂落魄,脑子一片空白。“别走,罗伯特·金凯德。”她听见自己身体里某个部位这样叫道。

他拉着她的手通过后门走向他的卡车。他打开驾驶室的门,把脚放在踏板上，然后又挪下来再次搂抱她几分钟。两人都不说话，只是站在那里，把相互感觉传递，吸引，铭刻于心，永不磨灭。再次肯定他所说的那特殊的生命的存在。

他最后一次放开了她，走进车里，开着门坐在那里。泪水从他的两颊流下来，泪水也从她的两颊流下来。他慢慢地关上门，门缝嘎嘎作响。像往常一样，哈里总是不情愿启动，不过她能听见他的靴子踩那油门，那老卡车终于屈服了。

他把车挂在倒挡上，坐在那里踩在离合器上，起先很严肃，然后微微咧嘴一笑，冲着小巷那边指指。“上大路，你知道。下个月我就会在印度东南部，要不要一张从那里寄来的明信片？”

她说不出话来，不过摇摇头表示不要。让理查德在信箱里发现这个会受不了。她知道罗伯特能理解。他点点头。

卡车倒驶进庭院，颠簸着经过铺着砾石的场院，小鸡从轮下四散逃走，杰克吠着把其中一只追到机器棚里。

罗伯特·金凯德通过副驾驶座那边摇下的窗户向她招招手。她看见他手上的银镯子在阳光下闪烁。他衬衫的头两个扣子开着。

他驶进小巷，一直开下去，弗朗西丝卡不断地擦眼睛，使劲看，阳光映着她的泪水照出各种奇怪的折光。她像他们相会的第一天晚上那样急忙跑到小巷口看那老卡车颠着向前驶去，卡车驶到小巷终端停了下来，驾驶室的门弹开了，他出来踩在踏板上。他看见她在一百码之外，人因距离而变小了。

他站在那里凝视着，听凭哈里不耐烦地在热浪中转动。两人谁也不移步，他们已经告别过了。他们只是相对而视，一个是艾奥瓦农夫之妻，一个是物种演变终端的生命，是最后的牛仔之一。他在那里站了三十秒钟，那双摄影师的眼睛没有漏过任何细节，制作出了他永不丢失的影像。

他关上了门，发动引擎，在他向左转到通往温特塞特的路上时又哭了。就在农场西北边的一片树林挡住他的视线之前，他又向后望去，望见她交叉着双腿坐在小巷口的尘土里，头埋在双手中。

理查德和孩子们当晚薄暮时分回到家里，带回了博览会上的逸闻和那小牛被卖到屠宰场之前获奖得的一条缎带。卡罗琳马上抓住电话不放。那是星期五，迈克尔立即开着小卡车到城里去做十七岁的男孩子们通常在星期五晚上做的事。多半是在广场游荡、聊天，或者向驶过的汽车里的姑娘们喊叫。理查德打开电视机，告诉弗朗西丝卡玉米面饼做得真好吃，他涂上黄油和枫蜜汁吃了一块。

她坐在前廊的秋千上。十点钟时理查德看完他的节目之后走了出来，伸个懒腰说："真的，还是回家好。"然后看着她："你没事吧，弗兰妮？你好像有点累，或者有点精神恍惚，还是怎么的？"

"我挺好，理查德。你们平平安安回来就好。"

"是啊，我要进去了，在博览会的这一个礼拜过得够长的，我真累坏了。你来吗，弗兰妮？"

"我再待一会儿。外面挺舒服，所以我想再坐一会儿。"她其实很累了,但是她害怕理查德心里想着性生活,而她今夜应付不了。

她听见他在他们的卧室里绕圈子走,就在她坐着的前后摇晃的秋千上方。她两只赤脚踩在游廊地上,听得卡罗琳收音机的声音从屋后传出。

以后的几天里,她避免进城,一直意识到罗伯特·金凯德就在几英里之外。说实在的,如果她见到他就很难管住自己。她很有可能会跑到他身边说:“现在我们一定得走!”她曾经不顾风险跑到杉树桥去会他,但是现在再见他要冒的风险太大了。

星期二,家里的蔬菜快完了,理查德需要买一个他正在修复的玉米收割机的零件。天很阴沉,霪雨,薄雾,还没出八月,天凉了一点儿。

理查德买到了他的零件,和别的男人在咖啡馆喝咖啡,她趁这个时候到副食店采购。他知道她的日程,在她完事时在“特价”店门前等她,见到她就跳了出来,戴着他的阿利斯-查默斯鸭舌帽,帮着她把各种袋子放进福特牌小卡车里,放在座位上,围着她的膝盖,而她却想到了三脚架和背包。

“我还得赶快到工具店去一趟,还有一样零件我忘了买,可能要用的。”

他们在一百六十九号国道上往北驶,那是温特塞特的主要道路。在德士古加油站一街之遥的地方她看见哈里正从油泵驶开去,雨刷来回刮着,正驶向他们前头的道路。

他们的车速使他们紧跟在那辆旧卡车后面。她坐在福特车里高高的座位上可以看见前面车子里一块黑色防雨布包得紧紧的,勾画出一个衣箱和一只吉他琴匣的轮廓，紧挨一个未充气的备用车胎，后窗溅满了雨，但是还可以看见他半个脑袋。他弯下身去好像要在杂物箱里取些什么。八天前他也做过同样的动作，他的胳膊擦过她的腿。而就在一星期前，她曾到得梅因去买了一件粉色连衣裙。

"那辆卡车离家可够远的，"理查德说，"华盛顿州。好像是个女人在开车。长着长发。对了，我敢肯定那是他们在咖啡馆里谈论的那个摄影师。"

他们跟着罗伯特·金凯德向北行，过了好几条街，到一百六十九号国道与东西行的九十二号公路交叉处。那是四向道路的中心点，密集的车辆向着各个方向交叉而行，由于雨和雾更增加了困难。雨更大，雾更浓了。

他们大概停了二十秒钟。他就在前头，离她只有三十英尺。她还可能做这件事：跳出车去跑到哈里的右门边，爬进去，抓过那背包、冷藏箱和三脚架。

自从罗伯特·金凯德上星期五从她身边离去后，她才意识到，不管原来自以为对他多么一往情深，她还是大大低估了自己的感情。这看来似乎不可能，但是真的。她开始理解他早已理解的事情。

但是，她还是端坐不动，她的责任把她冻结在那里，眼睛死死地盯着那扇后窗，她一生中从来没有这样死盯着任何东西看过。他的左车灯亮了，再一瞬间他就从此一去不复返了，理查德在摆弄这辆福特车里的收音机。

她开始看到慢镜头，是脑子里一种奇特的作用……慢慢地……慢慢地他把哈里开到道路交叉处——她可以想见他的两条长腿，踩着油门和离合器，想见他右臂上的肌肉在换挡时屈伸的景象——现在向左转弯到九十二号公路向布拉夫斯会议厅开去，向布莱克丘陵开去，向西北……慢慢地……慢慢地……那辆旧卡车转过弯来，它慢慢地穿过交叉路口向西驶去。

她双眼被泪水、雨水、雾气模糊了，几乎认不出车门上几个褪了色的红漆字："金凯德摄影，华盛顿，贝灵厄姆。"

他拐弯时为看清楚一点，把车窗摇下。他已经完成转弯了，她可以看见他在九十二号公路上开始加速时头发随风飘起。他向西驶去，边开车边摇上窗户。

"哦，基督——哦，耶稣基督，全能的上帝……别！"这些话都是在她肚子里说的，"我错了，罗伯特，我不该留下……可是我不能走……让我再告诉你一遍……为什么我不能走……你再告诉我一遍，为什么我应该走。"

她听见他的声音从大路上传来。"在一个混沌不清的宇宙中，这样明确的事只能出现一次，不论你活几生几世，以后永不会再现。"

理查德把车开过交叉路口向北驶去。她望着哈里的红色尾灯在雨和雾中消失，心中搜寻着他的一瞬间的面孔。那辆旧雪佛兰小卡车在一辆巨大的拖车旁边显得很小，那拖车咆哮着驶向温特塞特，溅起一阵水珠从那最后的牛仔头上洒过。

"再见，罗伯特·金凯德。"她轻轻说道，然后公然地哭了。

理查德别过头来看她。"怎么啦，弗兰妮？求求你告诉我你到底怎么了，好不好？"

"理查德，我只需要自己待一会儿，过几分钟就会好的。"

理查德把收音机转到畜情报告节目，转过来看看她，摇摇头。

灰　烬

夜幕降临麦迪逊县。那是一九八七年，她六十七岁生日，弗朗西丝卡已经在床上躺了两个小时了。二十二年前一切的一切她都还看得见，摸得着，闻得到。

她记得，又记得。在艾奥瓦九十二号公路上，在雨和雾中向西驶去的红色尾灯把她定住了二十多年。她摸自己的乳房，还能感受到他的胸肌滑过那里。天哪，她多么爱他。那时她爱他，超过她原以为可能的程度，现在她更加爱他了。为了他，她什么都愿意做，除了毁掉她的家庭，甚或可能连他也毁掉。

她下楼坐到厨房那张黄色塑料贴面的旧餐桌边。理查德曾买过一张新桌子，坚持非买不可。不过她也要求把那张旧桌子留下来放到机器棚里，在挪走之前她仔细用塑料薄膜包好。

"我真不知道你为什么这么舍不得这张旧桌子。"他一边帮她搬，一边埋怨。理查德死后，迈克尔帮她把这张桌子又抬进屋子，从来没有问过她为什么要拿这张旧桌子换那新的。他只是用发问的眼光看着她，她没吭声。

现在她坐在桌旁。然后走到柜子边,从里面拿出两支白蜡烛和一对小铜烛台。她点上蜡烛打开收音机,慢慢地调频道,找到播放的轻柔音乐。

她在洗涤池旁站了良久,头微微朝上,看着他的脸,轻声说:“我记得你,罗伯特·金凯德。也许高原沙漠之王的话是对的,也许你是最后一个,也许眼下那些牛仔们都已濒临灭绝。”

理查德死之前,她从来没有设法给金凯德打过电话或者写过信,尽管多少年来她每天都在刀刃边缘上权衡。如果她再跟他谈一次话,自己就会去找他。如果她给他写信,他就会来找她。事情就在这一发之际。这些年来,他给她寄过一包照片和那篇文章之后就再也没有来过信。她知道他理解她的感情,也理解他可能给她带来的生活中的麻烦。

从一九六五年九月起她订了《国家地理》。关于廊桥的文章是第二年刊出的,有暖色的晨光中罗斯曼桥的照片,就是他发现她的纸条的那天早晨照的。封面是他照的那一群马拉车走向猪背桥的照片,配图的文章也是他写的。

杂志背面常有介绍作者和摄影师的特写,有时还登他们的照片。他间或也出现在其中。还是那银色长发、手镯、牛仔裤或卡其布裤,相机从肩上挂下来,胳膊上青筋可见。在非洲卡拉哈里沙漠中,在印度斋浦尔的大墙上,在危地马拉的独木船上,在加拿大北部。大路和牛仔。

她把这些都剪下来,连同刊登廊桥的那期、他的文章、两张照片,还有他的信,都放进一个牛皮纸信封中。她把信封放在梳妆台抽屉的内衣下面,这是理查德绝不会看的地方。她像一个远方的观察者年复一年跟踪观察罗伯特·金凯德，眼看他渐渐老起来。

那笑容宛在，就是那修长、肌肉结实的身材也依然如故。但是她看得出他眼角的纹路，那健壮的双肩微微前俯，脸颊逐渐陷进去。她能看得出来，她曾经仔细研究过他的身体，比她一生中对任何事物都仔细，比对自己的身体还仔细。他逐渐变老反而使她更加强烈地渴望要他，假如可能的话，她猜想——不，她确知——他是单身。事实的确如此。

在烛光中，她在餐桌上仔细看那些剪页。他从遥远的地方看着她。她从一九六七年的一期中找出一张特殊的照片。他在东非的一条河边正对摄像机，而且是近镜头，蹲在那里好像正准备拍摄什么。

她多年前第一次见到这张照片时还看得出他脖子里的银项链上系着一个小小的圆牌。迈克尔离家上大学去了，当理查德和卡罗琳去睡觉之后，她把迈克尔少年时集邮用的高度放大镜拿出来放到照片上。

“天哪！”她倒吸一口气，圆牌上的字是“弗朗西丝卡”。这是他一个小小的不谨慎，她笑着原谅了他。以后所有他的照片上都有这个小圆牌挂在银项链上。

一九七五年之后她再也没在杂志上看见过他。他的署名也不见了。她每一期都找遍了，可是找不到。他那年该是六十二岁。

理查德一九七九年去世，葬礼完毕，孩子们都各自回到自己家里以后，她想起给罗伯特·金凯德打电话。他应该是六十六岁，她五十九岁。尽管已经失去了十四年，还来得及。她集中思考了一星期，最后从他的信头上找到电话号码，拨了号。

电话铃响时她心脏几乎停止跳动。她听到有人拿起话筒，差点儿又把电话挂上。一个女人的声音说:“麦克格雷格尔保险公司。”弗朗西丝卡心沉下去了，不过还能恢复得过来问那女秘书她拨的号码对不对。就是这个号码。她谢谢她，挂了电话。

下一步，她试着打华盛顿贝灵厄姆的电话问讯处。登记名单上没有。她试打西雅图，也没有。然后是贝灵厄姆和西雅图的商会办公室。她请他们查一查本市指南，他们查了，也没这个人。她想他哪儿都可能去的。

她想起杂志来，他曾说过可以通过那里打听。接待员很有礼貌，但是个新人，得找另外一个人来处理她的请求。弗朗西丝卡的电话转了三次才跟一位在杂志社工作过二十年的副主编通上话。她问罗伯特・金凯德的下落。

那编辑当然记得他。“要找到他在哪里吗，呃?他真是个该死的摄影师，请原谅我的语言。他的脾气可不好，不是坏的意思，就是非常固执，他追求为艺术而艺术，这不大合我们读者的口味，我们的读者要好看的、显示摄影技巧的照片，但是不要太野的。

“我们常说金凯德有点怪，在他为我们做的工作之外，没有人熟悉他。但是他是好样的。我们可以把他派到任何地方，他一定出活儿，尽管多数情况下他都不同意我们的编辑决策。至于他的下落，我一边讲话一边在翻他的档案。他于一九七五年离开我们杂志，地址电话是……”他念的内容和弗朗西丝卡已经知道的一样。在此之后，她停止了搜寻，主要是害怕可能发现的情况。

她听其自然，允许自己越来越多地想罗伯特·金凯德。她还能好好开车，每年有几次到得梅因去，在他曾带她去的那家饭店吃午餐。有一次，她买回来一个皮面白纸本，于是开始用整齐的手写体在这些白纸上记下她同他恋爱的详情和对他的思念。一共写了三大本，她才感到完成任务。

温特塞特在前进。有一个活跃的艺术协会，成员多数是女性，要重新装修那些桥的议论也进行了几年了。有些有趣的年轻人在山上盖房子。风气有所开放，长头发不再惹人注目了，不过男人穿凉鞋的还是少见，诗人也很少。

除了几个女友外，她完全退出了社交。人们谈到了这一点，而且还谈到常看见她站在罗斯曼桥边，有时在杉树桥边。他们常说人老了往往变得古怪，也就满足于这一解释。

一九八二年二月二日，有一辆联合包裹运输公司的卡车驶进她的车道。她并没有邮购什么东西，感到惑然不解。她签过收条，看邮包上的地址："艾奥瓦，温特塞特，50273，乡邮投递2号线，弗朗西丝卡·约翰逊。"寄信人地址是西雅图一家律师事务所。

邮包包得很整齐，并加了额外保险。她把它放在厨房桌子上，小心地打开。里面有三个盒子，安全地包在泡沫塑料之中。一个盒子顶端用胶条粘着一个小小的软信封，另一个盒子上有一封公文信，收信人是她，寄信人是一家律师事务所。

她扯掉胶条，颤抖着打开那封公文信。

1982年1月25日

弗朗西丝卡·约翰逊女士

艾奥瓦,温特塞特,50273

乡邮投递2号线

亲爱的约翰逊女士:

我们是一位最近去世的罗伯特·L.金凯德先生的财产代理人……

弗朗西丝卡把信放在桌上。外面风雪扫过冬天的原野,她眼望着它扫过残梗,带走玉米壳,堆在栅栏的角落里。她再读一遍那几行字:

我们是一位最近去世的罗伯特·L.金凯德先生的财产代理人……

"哦,罗伯特……罗伯特……不。"她轻声说着,低下了头。

一小时之后她才能继续读下去。那直截了当的法律语言,那准确的用词使她愤怒。

"我们是……代理人"

一名律师执行一个委托人的委托。

可是那力量,那骑着彗星尾巴来到这世上的豹子,那个在炎热的八月里的一天寻找罗斯曼桥的萨满人，还有那个站在名叫哈里的卡车踏板上回头望着她在一个艾奥瓦农场的小巷的尘土中逝去的人，他在哪里呢？在这些词句中能找到吗？

这封信应该有一千页之长，应该讲物种演变的终点和自由天地的丧失，讲牛仔们在栅栏网的角落里挣扎，像冬天的玉米壳。

他留下的唯一遗嘱日期是一九六七年七月八日。他明确指示把这些物件寄给您。如果找不到您，就予销毁。

在标明“信件”的盒子里有他于一九七八年留下的给您的信。信是由他封口的，至今未打开过。

金凯德先生的遗体已火化，根据本人遗愿，不留任何标记。他的骨灰也根据本人遗愿撒在您家附近，据我所知该地称作罗斯曼桥，已由我事务所一职员执行。

如有可效劳之处，请随时与我们联系。

律师：艾伦·B.奎本谨启

一九八二年一月二十五日

她喘过气来，擦干了眼睛，开始审视盒子里的东西。

她知道那小小的软信封里是什么，她确知无疑，就像她确知今年春天一定会再来一样。她小心打开信封，伸进手去，掏出来的是那银项链，上面系着的圆牌子上刻着“弗朗西丝卡”，背面用蚀刻刻出小得不能再小的字：

“如捡到，请寄往美国艾奥瓦州温特塞特乡邮投递2号线，弗朗西丝卡 · 约翰逊收。”

信封下面还有他的银手镯，包在餐巾纸里。有一张纸条和手镯包在一起，那是她的笔迹：

“当白蛾子张开翅膀时”，如果你还想吃晚饭，今晚你事毕之后可以过来，什么时候都行。

这是她钉在罗斯曼桥上的纸条。他连这也留下做纪念了。

然后她想起来，这是他唯一拥有的她的东西，是证明她存在的唯一见证，此外就只有逐渐老化的胶片上日益模糊的她的影像了。这罗斯曼桥上的小条上面有斑点，有折痕，好像在皮夹里放了很久。

她寻思，这些年来在远离中央河边的丘陵地带的地方，他不知拿出来读过多少次。她可以想象，他在一架直达喷气式飞机上就着微弱的小阅读灯，面前放着这张纸条；在虎乡的竹篷里用手电照着读这张纸条；在贝灵厄姆的雨夜读过之后折起来放在一边，然后看照片：一个女人在夏天的早晨倚在一根篱笆桩上，或是在落日中从廊桥走出来。

三个盒子每个都装着一架相机带一个镜头，都已饱经风雨侵蚀，带着伤痕。她把其中一架转过来，在取景器上有“尼康”字样，商标的左上角有一个“F”，这是她在杉树桥递给他的那架相机。

最后，她打开他的信，是他亲笔写在他的专用信纸上，日期是一九七八年八月十六日。

亲爱的弗朗西丝卡：

希望你一切都好。我不知道你何时能收到此信，总之是在我去世以后。我现已六十五岁，我们相逢在十三年前的今日，当我进入你的小巷问路之时。

我把宝压在这个包裹不会扰乱你的生活上。我实在无法忍受让这些相机躺在相机店的二手货橱窗里，或是转入陌生人之手。等它们到你手里时已是相当破旧了，可是我没有别人可以留交，只好寄给你，让你冒风险，很抱歉。

从一九六五年到一九七五年我几乎常年是在大路上。我接受所有我谋求得到的海外派遣，只是为了抵挡给你打电话或来找你的诱惑，而事实上只要我醒着，生活中每时每刻都存在这种诱惑。多少次，我对自己说："去它的吧，我这就去艾奥瓦温特塞特，不惜一切代价要把弗朗西丝卡带走。"

可是我记得你的话，我尊重你的感情。也许你是对的，我不知道。我只知道在那个炎热的星期五早晨从你的小巷开车出来是我一生中做过的最艰难的事，以后也绝不会再有。事实上我怀疑是否有男人曾做过这样艰难的事。

我于一九七五年离开《国家地理》，以后的摄影生涯就致力于拍摄我自己挑选的对象，有机会时就在当地或者本地区找点事做，一次只外出几天。经济比较困难,不过还过得去,我总是过得去的。

我的许多作品都是围绕着皮吉特海湾。我喜欢这样。似乎人老了就转向水。

对了,我现在有一条狗,一条金色的猎狗。我叫它“大路”,它大多数时间都伴我旅行,脑袋伸到窗外,寻找好镜头。

一九七二年我在缅因州阿卡迪亚国家公园的一座峭壁上摔了下来,跌断了踝骨,项链和圆牌一起给跌断了,幸亏是落在近处,我又找到了,请一位珠宝商修复了项链。

我心已蒙上灰尘。我想不出来更恰当的说法。在你之前有过几个女人,在你之后一个也没有,我并没有发誓要保持独身,只是不感兴趣。

我有一次观察过一只黑额黑雁,它的伴侣被猎人杀死了。你知道这种大雁对伴侣是从一而终的。那雄雁成天在池塘里转,日复一日。我最后一次看见它,它正游过一片野生稻,还在寻觅。这一比喻太浅露了,不够文学味儿,可这大致就是我的感受。

在雾蒙蒙的早晨,或是午后太阳在西北方水面上跳动时,我常试图想象你在哪里,在做什么。没什么复杂的事——不外乎到你的园子里去,坐在前廊的秋千上,站在你厨房洗涤池前之类的事。

我样样都记得:你的气息,你夏天一般的味道,你紧贴我身上的皮肤的手感,还有在我爱着你时你说悄悄话的声音。

罗伯特·潘·华伦用过一句话:“一个似乎为上帝所遗弃的世界。”

说得好，很接近我有时的感觉。但我不能总是这样生活。当这些感觉太强烈时，我就给哈里装车，与大路共处几天。

我不喜欢自怜自艾。我不是这种人。而且大多数时候我不是这种感觉。相反，我有感激之情，因为我至少找到了你。我们本来也可能像一闪而过的两粒宇宙尘埃一样失之交臂。

上帝，或是宇宙，或是不管叫它什么，总之那平衡与秩序的大系统是不承认地球上的时间的。对宇宙来说，四天与四兆光年没有什么区别。我努力记住这一点。

但是我毕竟是一个男人。所有我能记起的一切哲学推理都不能阻止我要你，每天，每时，每刻，在我头脑深处是时光无情的悲号，那永不能与你相聚的时光。

我爱你，深深地，全身心地爱你，直到永远。

最后的牛仔：罗伯特

又及：我去年夏天给哈里装了一个新引擎，它现在挺好。

包裹是五年前收到的。翻看里面的东西已成为她每年的生日仪式。她把相机、手镯和带圆牌的项链放在壁柜里一个特制的匣子中。匣子是当地一个木匠根据她的设计做的，胡桃木加防尘封口，里面用软垫隔开。木匠说："这匣子真考究。"她只是笑笑。

最后一道仪式是读文稿，她总是在一天结束时在烛光下读。她从起居间拿来这份文稿，小心地把它铺在黄色塑料贴面桌上蜡烛旁，挨近烛光，点上她一年一支的骆驼牌香烟，啜一口白兰地，然后开始读。

从零度空间坠落

罗伯特·金凯德

对有些古老的风我至今不解，虽然我一直是，而且似乎永远是乘着这些风卷曲的脊梁而行。我徜徉在零度空间，世界在别处另一种物体中与我平行运行。我看世界就像两手插在裤袋里弯身向商店橱窗里张望一样。

在零度空间中常有奇异的时刻。一条漫长的大路从马格达莱纳以西蜿蜒绕过多雨的新墨西哥，变成了人行小路，然后又变成野兽踩出来的羊肠小道。我车窗的雨刷一刮，羊肠小道变成了人兽都从未到过的洪荒森林。雨刷一刮又一刮，不断退向远古，这下到了大冰川，我乱发缠头，身披兽衣，手拿长矛在低矮的杂草中行进，身体精瘦，坚硬如冰，浑身肌肉，黠慧莫测。过了冰川，再逆物种演变的步骤继续后退，我在深盐水中游泳，长着鳃，浑身是鳞。再往后退，我就什么也看不见了。只见浮游生物之外是“零”这个数字。

欧几里得不一定永远正确。他假定平行线一直到头都是平行的。但是非欧几里得式的存在也是可能的。两条平行线在遥远的某处相遇。那就是（透视画中的）无影点，幻觉中的会聚。

但是我知道，并非仅仅是幻觉而已。有时会合是可能的——一种现实溢入另一种现实。那是轻柔的互相缠绕，而不是这个精确的世界上整齐的交织，没有穿梭声，只是……呵气。对了，就是这声音，也是这感觉，呵气。

于是我在这六合之外的现实之上，之旁，之下以及周围，缓缓运行，总是强壮有力，同时也不断献出我自己。而那另一个觉察到了，于是带着它自己的力量迎上来，同样把自己献给我。

在这呵气之中的某个地方有乐声飘飘，那奇异的、盘旋上升的舞蹈开始了，踏着自己特有的节拍，把那个乱发缠头手拿长矛的冰纪人炼化。缓缓地，在总是柔板的柔和的乐声中，那冰纪人坠落下来，从零度空间坠落下来……落到她的体内。

弗朗西丝卡六十七岁生日这一天结束时雨已停止，她把牛皮纸信封放回卷盖式书桌最下面的抽屉中。理查德去世后她决定把这包东西放进她银行的保险箱里，不过每年此时拿回来几天。她盖上胡桃木匣子的盖子，把相机关在里面。匣子放进她卧室壁柜的架子上。

下午早些时候她曾去过罗斯曼桥。现在她走到游廊，用毛巾擦干秋千，坐在上面，这里很凉，但是她要待几分钟，每次都是这样。她走到庭院门口站着，然后走到小巷口。事隔二十二年之后她仍然看见他在近黄昏的午后走出卡车来问路，她还能看见哈里颠簸着驶向乡间公路然后停下——罗伯特·金凯德站在踏板上，回头望着小巷。

弗朗西丝卡的信

弗朗西丝卡·约翰逊一九八九年一月去世，终年六十九岁，那年罗伯特·金凯德如活着，应是七十六岁。登记的死因是“自然死亡”。医生对迈克尔和卡罗琳说：“她就这么死了。事实上我们有点不明白。我们找不出死亡的具体原因。一个邻居发现她趴倒在厨房的餐桌上。”

她在一九八二年的一封给律师的信中要求死后把遗体火化，骨灰撒在罗斯曼桥。火葬在麦迪逊县是一件不寻常的事——多少被看作激进行为——因此她这一遗愿引起了咖啡馆和德士古加油站还有执行人的不少议论。撒骨灰一事没有公开进行。

追悼会过后，迈克尔和卡罗琳缓缓驱车到罗斯曼桥，执行弗朗西丝卡的遗嘱。虽然这座桥离家很近，但与约翰逊一家从来没有什么特殊关联。他们两人一再感到奇怪，为什么他们平时很通情达理的母亲会出此莫名其妙的行动，为什么她不依惯例要求葬在他们父亲的墓旁。

在这以后，迈克尔和卡罗琳开始了清理房子的漫长过程，并且在当地律师从财产角度审查放行后，从银行把保险箱取了出来。

他们把保险箱内的东西分门别类，开始一一过目。那牛皮纸信封是在卡罗琳的一摞东西中，不过压在下面大约三分之一处。她迷惑不解地打开，拿出里面的东西。她读了罗伯特·金凯德一九六五年给弗朗西丝卡的信，之后又读了他一九七八年的信，然后是西雅图的律师一九八二年的信。最后她仔细看了杂志剪页。

“迈克尔。”

他听出她声音中惊奇夹着沉思，立即抬起头来。“怎么回事？”

卡罗琳眼里含着泪，声音有点发抖。“母亲爱上了一个叫罗伯特·金凯德的人，他是一名摄影师。你还记得我们都看过的那期《国家地理》吗？就是上面有关于那儿座桥的报道的那一期。这个人就是到这儿拍摄那些桥的。还有，你记得当时所有的孩子都在议论那个背着相机、怪里怪气的陌生人？那就是他。”

迈克尔坐在她对面，领带解开，敞开领子。“再说一遍，说慢一点儿，我没法相信我听对了。”

读完信之后，迈克尔搜寻了楼下的壁柜，然后上楼到弗朗西丝卡的卧室里。他从来没有注意到那个胡桃木匣子，把它打开拿到楼下放在厨房桌上。“卡罗琳，这是他的相机。”

匣子里一头塞着一个封好的信封，上面写着“卡罗琳或迈克尔”，是弗朗西丝卡的笔迹。在相机之间是三本皮面笔记本。

“这信的内容我不敢肯定我能读得下去，”迈克尔说，“你如果能够的话，念给我听吧。”

卡罗琳打开信封，出声念着：

亲爱的卡罗琳和迈克尔：

虽然我现在还感觉良好，但是我觉得这是我安排后事的时候了（如人们常说的那样）。有一件事，一件非常重要的事你们应该知道。因此我才写这封信。

我可以肯定，你们翻看了保险箱，发现了那个一九六五年寄给我的牛皮纸信封后最终一定会找到这封信。如果可能的话，请坐在厨房的餐桌旁读这封信。你们不久就会理解这一请求。

要给我的孩子们写信讲这件事，对我是极为艰难的，但是我必须这样做。这里面有着这么强烈、这么美的东西，我不能让它们随我逝去。而且，如果你们应该全面了解你们的母亲，包括一切好的坏的方面，那么你们就必须知道这件事。现在，我要开始说了，打起精神来。

正如你们已经发现的，他名叫罗伯特·金凯德。他中间名字的缩写是"L"，但是我从来不知道那"L"代表什么。他是一名摄影师，一九六五年曾来这里拍摄廊桥。

你们应当记得，当那些图片出现在《国家地理》杂志上时，这里如何地满城争道。你们也可能还记得从那以后我就开始定期收到这杂志。现在你们知道我为什么突然对它感兴趣了。顺便说一句，他在拍杉树桥时我和他在一起（替他拿着一个相机背包）。

请你们理解，我一直平静地爱着你们的父亲。我过去知道，现在仍然知道是如此。他对我很好,给了我你们俩,这是我所珍爱的。不要忘记这一点。

但是罗伯特·金凯德是完全不同的,我毕生从来没有见到、听到或读到过像他这样的人。要你们完全了解他是不可能的。首先,你们不是我;其次你们非得跟他在一起待过,看他动作,听他谈关于物种演变的一个分支的尽头那些话才行。也许那些笔记本和杂志剪页能有所帮助,不过连这也不够。

从某种意义上说,他不属于这个地球。我能说得最清楚的就是这样了。我常常把他想成一个骑着彗星尾巴到来的豹子一般的生物。他的行动、他的身体都给人这个感觉。他能集极度激烈与温和善良于一身。他身上有一种模糊的悲剧意识。他觉得他在一个充满电脑、机器人和普遍组织化的世界上是不合时宜的。他把自己看作最后的牛仔之一,称自己为“老古董”。

我第一次见到他是他停在门口问去罗斯曼桥的方向。那时你们三人去参加伊利诺伊州博览会了。相信我,我绝不是闲在那里没事找刺激,这种想法离我太远了。但是我看了他不到五秒钟就知道我要他,不过没有我后来真的达到的那个程度。

请你们不要把他想成一个到处占乡下姑娘便宜的浪荡汉。他绝不是那种人。相反,他有点腼腆。对于已发生的事我和他有同样的责任,事实上我这方面更多。手镯里那纸条是我钉在罗斯曼桥上的,为的是我们初次见面的第二天早晨他可以见到。除了他给我拍的照片外,这纸条是他这么多年来拥有的唯一证据，证明我确实存在而不仅仅是他的一个梦。

我知道孩子们往往倾向于把自己的父母看成无性别的，所以我希望以下的叙述不至于对你们打击太大，我当然希望不会破坏你们对我的记忆。

罗伯特和我在我们这间老厨房里一起度过了许多小时。我们聊天，并在烛光下跳舞。而且，是的，我们在那里做爱了，还在卧室里，在牧场草地里以及几乎你们可以想到的任何地方。那是一种不可思议的、强有力的、使人升华的做爱，它连续几天，几乎不停顿。在想他时我总是用“强有力”这个字眼。因为在我们相遇时他已经是这样。

他激烈时像一支箭。他对我做爱时我完全不由自主，不是软弱，这不是我的感觉，而是纯粹被他强大的感情和肉体的力量所征服。有一次我把这感觉悄声告诉他，他只是说：“我是大路，是远游客，是所有下海的船。”

我后来查了词典。人们听到“远游客”这个词首先联想起的是游隼。但是也还有别的含义，他一定是知道的，其中之一是“异乡客，外国人”，另一个含义是“流浪，迁移”。这个词的拉丁词根意思是陌生人。现在我想起来他身兼所有这些特征：一个陌生人、广义的外国人、远游客，而且也像游隼一般。

孩子们，请你们理解，我是在试图表达本来不可言喻的事。我只希望有一天你们各自也能体验到我有过的经历，不过我想这不大可能。虽然我想在方今这个比较开明的时代说这话不大合乎时宜，但我的确认为一个女人不可能拥有像罗伯特·金凯德这种特殊的力量。所以，迈克尔，刚才说的不把你包括在内。至于对卡罗琳来说，恐怕坏消息是天底下这样的男人只有他一个，没有第二个。

如果不是因为你们俩和你们的父亲，我会立即跟他走遍天涯。他要我走，求我走，但是我不肯。他是一个非常敏感、非常为别人着想的人，从此以后没有来干扰过我们的生活。

事情就是这样矛盾：如果没有罗伯特·金凯德，我可能不一定能在农场待这么多年。在四天之内，他给了我一生，给了我整个宇宙，把我分散的部件合成了一个整体。我从来没有停止过想他，一刻也没有。即使他不在我意识中时，我仍然感觉到他在某个地方，他一直在那个地方。

但是这从来没有丝毫减少我对你们或你们父亲的感情。在只想到我自己一个人时，我不敢肯定我做出了正确的决定，但是把全家考虑在内时，我肯定我做对了。

不过我必须坦诚地告诉你们，从一开始，罗伯特比我更了解我们两人是怎样天造地设的一对。我想我只是随着时间的推移才逐步理解这意义的。如果在他与我面对面要求我跟他走时我已真正了解这一点，我也许会跟他去了。

罗伯特认为这世界已变得太理性化了，已经不像应该的那样相信魔力了。我常想，我在做出决定时是否太理性了。

我相信你们一定认为我对自己葬法的遗嘱不可理解,以为那是一个糊涂了的老太婆的主意。你们读了一九八二年西雅图的律师来信和我的笔记本之后就会理解我为什么提出这一要求。我把活的生命给了我的家庭,我把剩下的遗体给罗伯特·金凯德。

我想理查德知道我内心有他达不到的地方,有时我怀疑他是否发现了我放在梳妆台抽屉里的牛皮纸信封。在他弥留之际,在得梅因的一家医院里我坐在他身旁,他对我说了以下的话:“弗朗西丝卡,我知道你也有过自己的梦,很抱歉我没能给你。”这是我们共同生活中最动人的时刻。

我不要你们有内疚,或者怜悯,或者任何这类感觉。这不是我的目的。我只要你们知道我多爱罗伯特·金凯德。我这么多年来每天都在对付这件事,他也是。

虽然我们没有再说过话,但是我们已紧密地结合在一起,世界上任何两人的关系能有多紧密我们就有多紧密。我找不出言辞来充分表达这一点。他告诉我的话表达得最好,他说我们原来各自的两个生命已不存在了,而是两人共同创造了第三个生命。我们两人都不是独立于那个生命之外的,而那个生命已被放出去到处游荡。

卡罗琳,还记得我们为了我壁柜里那件淡粉色连衣裙发生的那场激烈争吵吗?你看见了想穿。你说你从来没见我穿过,那么为什么不能改合适了让你穿。罗伯特和我第一夜做爱时我穿的就是那件衣服。我一辈子都没有像那天那么漂亮过。这件连衣裙是我对那段时光的小小的、痴痴的纪念。所以我以后从来没有再穿过，也拒绝给你穿。

罗伯特一九六五年离开这里以后，我意识到我对他的家庭背景知之甚少。不过我认为几乎对其他一切都已了解——也就是在那几天中值得注意的一切。他是独生子，父母双亡，他生于俄亥俄州一个小镇。

我连他上过大学没有，甚至上过中学没有也不清楚。但是他有一种质朴的、原始的，几乎是神秘的聪明智慧。对了，在第二次世界大战时他是随海军陆战队到南太平洋的战地摄影记者。

他结过婚，遇到我之前很久已经离了。没有孩子。他的前妻是搞音乐的，好像记得他说是个民歌手之类的，他外出摄影长期不在家的生活使婚姻难以维持。他把破裂的原因归罪于自己。

除此之外，据我所知罗伯特没有家。我要求你们把他看作我们的亲人，不论这一开始对你们有多困难。至少我有一个家，有与人共享的生活。罗伯特是孤身一人。这不公平，我当初就知道。

由于理查德的缘故，也由于人们爱讲闲话的习惯，我宁愿（至少我自以为是这样）这件事不传出我们约翰逊家之外。不过我还是交给你们来判断该如何处理。

在我这方面，我当然决不以同罗伯特·金凯德在一起为耻。恰恰相反。这些年来我一直爱着他爱得要命，虽然由于我自己的原因，我只有过一次设法同他联系。那是在你们的父亲去世之后，结果失败了。我担心他出了什么事，由于这种害怕，就没有再作尝试。我就是无法面对这样的现实。所以你们可以想象，当一九八二年这个包裹同律师的信一起来到时我是怎样的心情。

如我所说，我希望你们理解，别把我往坏里想。如果你们是爱我的，那么也该爱我做过的事。

罗伯特·金凯德教给了我身为女儿身是怎么回事，这种经历很少有女人，甚至没有任何一个女人体验过。他美好、热情，他肯定值得你们尊敬，也许也值得你们爱。我希望你们二者都能给他。他以他特有的方式，通过我，对你们很好。

望好自为之，我的孩子们。

母字

一九八七年一月七日

厨房里寂静无声。迈克尔深深吸了一口气，望着窗外。卡罗琳环顾四周，看着洗涤池、地板、桌子和每一件东西。

当她开口说话时，她的声音轻得几乎像耳语："哦，迈克尔，想想他们两人这么多年来这样死去活来地互相渴望。她为了我们和爸爸放弃了他，而他为了尊重她对我们的感情远远离去。迈克尔，我想到这，简直没法处之泰然。我们这样随便对待我们的婚姻，而这样一场非凡的恋爱却是因我们而得到这么一个结局。

"他们在漫长的一生中只在一起度过了四天，只有四天。就是在我们去参加那可笑的伊利诺伊州博览会的时候。你看妈妈这张照片，我从来没有见过她这样子。她真美。这不是照相的美，而是由于他为她做的一切。你看她，放荡不羁，自由自在，她的头发随风飘起，她的脸生动活泼，真是美妙极了。”

“天哪。”迈克尔只说得出这两个字，他用厨房的手巾擦前额，在卡罗琳没看着的时候轻轻擦了擦眼睛。

卡罗琳又说：“显然这些年来他没有跟她联系过。他死时一定是孤身一人，所以才让人把相机寄给她。

“我记得我跟妈妈为了那件粉色连衣裙吵架的事，接连好几天，我嘀嘀咕咕闹着要，并且问为什么不行。后来我拒绝跟她说话。她只说一句：‘不，卡罗琳，这件不行。’”

迈克尔想起他们现在坐的这张旧桌子，就因为这，弗朗西丝卡才在他们父亲死后要他搬进厨房来。

卡罗琳打开那软包装的小信封。“这是他的手镯、银项链和那小圆牌。这是母亲在信里提到的那张纸条，就是她钉在罗斯曼桥上的那张。所以他寄来的这座桥的照片上看得出来桥上钉着纸条。”

“迈克尔，我们该怎么办？你考虑一下，我一会儿就回来。”

她跑到楼上去，几分钟后拿着那件粉色连衣裙回来了。那衣服叠得好好的包在塑料纸里。她把它抖搂开，举起来给迈克尔看。

“想象一下，她穿着这件衣服在这厨房里跟他跳舞。想一想：我们大家在这里度过了多少时光，她在为我们做饭，坐在这里同我们谈我们的问题——讨论到哪里去上大学，谈维持成功的婚姻有多困难的时候，必定时时刻刻看到什么样的形象。天哪，我们跟她相比多么天真，多么不成熟!”

迈克尔点点头，走到洗涤池上面的碗柜旁。“你想母亲会留下什么喝的吗？我可真想喝。回答你的问题：我不知道我们该怎么办。”

他在碗柜里掏来掏去，找到一瓶白兰地，几乎空了。“还够两杯，卡罗琳，要一杯吗？”

“好。”

迈克尔从柜子里拿出仅有的两个白兰地杯子放在黄色塑料贴面的餐桌上。他倒空了弗朗西丝卡最后一瓶白兰地，而卡罗琳开始默默地读第一本笔记本。“罗伯特·金凯德于一九六五年八月十六日一个星期一来到这里。他正设法找罗斯曼桥。那是下午近黄昏时分，天很热，他开着一辆小型卡车，他给它取名叫哈里……”

后记：塔科马的夜鹰

我写罗伯特·金凯德和弗朗西丝卡·约翰逊的故事的过程中，对金凯德越来越感兴趣，觉得我们对他和他的生平知道得太少了。在本书付印前几个星期我又飞往西雅图，试图再发掘一些关于他的尚未发现的情况。

我有一个想法：既然他爱好音乐，本人又是个艺术家，那么在皮吉特海湾的音乐文艺圈中也许会有人认识他。《西雅图时报》的美术编辑帮了我的忙。虽然他不知道金凯德其人，但是他向我提供了该报纸一九七五年到一九八二年的有关部分，这是我最感兴趣的时期。

在翻阅一九八〇年的报纸时我见到一张黑人爵士乐演奏者的照片，是一个名叫约翰·"夜鹰"·卡明斯的高音萨克斯管吹奏手。照片旁署名罗伯特·金凯德。当地音乐家协会给了我卡明斯的地址，并且告诉我他有好几年没有参加演出了。地址是塔科马一个工业区附近一条岔道，紧挨着通向西雅图的五号公路。

我登门几次才碰到他在家。开头他对我的提问有点防范，不过我说服了他，使他相信我对罗伯特·金凯德的兴趣是严肃的、善意的。之后，他就亲切地敞开来谈了。他同我谈话时七十岁，我只是打开录音机让他告诉我有关罗伯特·金凯德的情况。以下是略加整理的他的谈话记录。

“夜鹰”·卡明斯谈话录

我那会儿住在西雅图，在肖蒂乐队干活儿，我需要一张好的黑白照片做广告。那个吹铜管儿的告诉我有个家伙住在那边儿一个岛上，照得不赖，他没有电话，我就给他寄了一张明信片。

他来了，可真是个怪里怪气的外乡老汉，穿着牛仔裤、靴子、橘黄色背带，拿出那老掉牙的破相机，看上去简直就不像还能开得动，我心想，呵呵！他让我拿着我的吹管靠一堵浅色的墙待着，要我就这么吹，不停地吹。开头的三分钟那小子就站在那儿盯着我看，真是死盯着我看，那是你从来没见过的最冷冰冰的蓝眼睛。

过了一会儿他开始照相，然后他问我能不能吹《秋叶》，我吹了。我吹了大约有十分钟，他就在那儿不停地按快门，照了一张又一张，然后他说：“好了，我照好了，明天就给你。”

第二天他把照片儿拿来了。我真给镇住了。我过去照过好些相。可这几张是最棒的，比以前所有的都好得多。他要了我五十元，我觉得挺便宜。他谢了我，走了。他往外走时问我在哪儿演奏，我说“肖蒂乐队”。

过了几个晚上之后，有一次我往观众席里望，瞅见他坐在旮旯里一张桌子边儿，听得绝对认真。从此他每礼拜来一次，总是在礼拜二，总是喝啤酒，不过喝得不多。

我有时候在休息时过去跟他聊几分钟。他挺安静，话不多，不过确实挺好处的。他总是有礼貌地问我可不可以吹一曲《秋叶》。

过了不久我们有点熟了。我喜欢到港口去看水，看船，发现他也是。后来熟到一块儿坐到长板凳上聊天，一聊就是一下午。也就是一对老家伙随便谈谈心，都觉得自己有点儿跟不上趟，有点儿过时了。

他常带着他的狗，挺好的狗，他管它叫“大路”。

他懂魔力，搞爵士音乐的也都懂魔力，也许正因为这个我们谈得来。你吹一个调子已经吹了几千次了，忽然有一套新的思想直接从你的号里吹出来，从来没有经过你头脑里的意识。他说照相，还有整个人生都是这样的。然后他又加一句：“跟你爱的一个女人做爱也是这样。”

他那会儿正在干一件事，想把音乐转变成视觉形象。他跟我说：“约翰，你知道你吹《老于世故的女士》这支曲子的第四节时差不多总是即兴重复的那调子吗？好了，我想我那天早晨把这拍成照片了。那天光线照在水上恰到好处，一只蓝色的苍鹭正好同时翻过我的取景器，我当时听到你吹那重复的调子，同时也真正看见了那曲调，于是按下快门。”

他把所有时间都花在这把音乐变成形象的工作上，简直着了迷。不知道他靠什么过日子。

他很少讲他自己的生活。我一直只知道他照相旅行过好多地方，再多就不太知道了。可是有一天我问起他脖子挂的链子底下的那个小东西。凑近看可以看见那上头刻着“弗朗西丝卡”。我就问:“这有什么特别意义吗?”

他好一阵子没说话,光盯着水看,然后说:“你有多少时间?”得,那天是礼拜一,是我的休息日,所以我说我有的是时间。

他讲开了,像是打开了水龙头,整整讲了一下午,一晚上。我觉得他把这事藏在心里已经很久很久了。

从来没提过那女的姓什么,也没说过这事发生在哪儿。可是,说真格的!罗伯特·金凯德讲她的时候真是个诗人。她一定是个人物,一位了不起的女士。他开头先引了他为她写的一篇文章,我记得题目好像是叫个什么“零度空间”。我记得我当时觉得这像奥奈特·柯尔曼的自由体即兴曲。

好家伙,他一边儿说一边儿哭。他大滴大滴眼泪往下落,老人才这么哭法儿,也就是萨克斯管才这么吹法儿。这以后我才明白为什么老是要求我吹《秋叶》。于是,说真格的,我开始喜欢上这小子了。能对一个女人这么钟情的人自己也是值得让人爱的。

我老是想着这件事儿,想着他跟那个女人共同拥有的那东西力量有多强大,想着他叫作“老方式”的东西。于是我对自己说:“我一定要把那力量、那段爱情演奏出来,让那‘老方式’从我的管里吹出来,这里头有一种他妈的特别抒情的东西。”

于是我就写了这个曲子——花了我三个月时间。我要保持它简单、优难。复杂的玩意儿好弄。简单才难。我每天都在那上头花功夫，直到开始对头了，然后我又下点功夫把钢琴和低音提琴的过门谱子写出来。最后有一天晚上我演奏了这个曲子。

那是礼拜二晚上，他跟往常一样，在听众席里头。反正那是一个不太热闹的晚上，可能一共有二十来个人，没人太注意我们乐队。

他静静地坐在那儿，像往常一样全神贯注地听，我透过麦克风说："我现在要吹一支我为一个朋友作的曲子，名叫《弗朗西丝卡》。"

我说这话时看着他。他正盯着他那瓶啤酒看，可是我一说出"弗朗西丝卡"，他就慢慢儿抬起头看着我，用两只手把他的灰色长发往后拢一拢，点起一支骆驼牌香烟，两只蓝眼睛直勾勾看着我。

我把那管号吹出从来没有过的声音，我让它为他们分离的那些年月，为他们相隔的那千万里路而哭泣。在第一小节有一句小主调，好像是在呼她的名字："弗朗……西丝……卡。"

我吹完之后，他笔直地站在桌边儿，笑着点点头，付了账，走了。以后每次他来我都奏这支曲子。他为报答我写那曲子，把一张古老的廊桥照片儿装好镜框送给我，现在就挂在那儿。他从来没告诉我他在哪儿照的，只是紧挨着他的签名底下写着"罗斯曼桥"。

可能是七八年前，有一个礼拜二晚上他没出现。下一个礼拜还没有。我想他可能病了还是出了什么事儿，开始担心起来，就到港口去打听。谁也不知道他。最后我找了一条船到他住的那个岛上去，那是在水边的一间旧屋子，说实在的就是个棚子。

我在那儿探头探脑的时候有个邻居过来问我干什么，我告诉了他，邻居说他十天以前就死了。说真格的，我听了以后心里可难过了，现在还难过。我非常喜欢他，这家伙就是有点不寻常，我觉得他知道好多我们大家都不知道的东西。

我向邻居打听那条狗，他不知道，说他也不认识金凯德。我就给动物收容所打电话，可不是，“大路”就在那儿。我到那儿把它领出来给了我的侄子。我最后一次看见它，它正跟那孩子亲热呢，我心里觉得挺舒坦。

总之，就是这么回事。我打听到金凯德的情况之后不久，我的左胳膊出了问题，只要吹二十分钟以上它就发麻，是一种脊椎病。所以我就不再工作了。

可是，说真格的，他跟那个女人的故事一直缠着我。所以每礼拜二晚上我都拿出我的号来吹我为他写的那支曲子，我就在这儿吹，完全自个儿吹。

不知怎么回事儿，我吹的时候总是瞅着他送给我的那张照片。有点儿什么特别的因缘，我说不上来，反正我吹那曲子的时候眼睛总是离不开那照片。

我就站在那儿，在天擦黑的时候，把这老号弄得呜呜哭，那是我在吹那曲调，为了一个叫罗伯特 · 金凯德的男人和他管她叫弗朗西丝卡的女人。

For the peregrines

CONTENTS

The Beginning

There are songs that come free from the blue-eyed grass, from the dust of a thousand country roads. This is one of them. In late afternoon, in the autumn of 1989, I'm at my desk, looking at a blinking cursor on the computer screen before me, and the telephone rings.

On the other end of the wire is a former Iowan named Michael Johnson. He lives in Florida now. A friend from Iowa has sent him one of my books. Michael Johnson has read it; his sister, Carolyn, has read it; and they have a story in which they think I might be interested. He is circumspect, refusing to say anything about the story, except that he and Carolyn are willing to travel to Iowa to talk with me about it.

That they are prepared to make such an effort intrigues me, in spite of my skepticism about such offers. So I agree to meet with them in Des Moines the following week. At a Holiday Inn near the airport, the introductions are made, awkwardness gradually declines, and the two of them sit across from me, evening coming down outside, light snow falling.

They extract a promise: If I decide not to write the story, I must agree never to disclose what transpired in Madison County, Iowa, in 1965 or other related events that followed over the next twenty-four years. All right, that's reasonable. After all, it's their story, not mine.

So I listen. I listen hard, and I ask hard questions. And they talk. On and on they talk. Carolyn cries openly at times, Michael struggles not to. They show me documents and magazine clippings and a set of journals written by their mother, Francesca.

Room service comes and goes. Extra coffee is ordered. As they talk, I begin to see the images. First you must have the images, then come the words. And I begin to hear the words, begin to see them on pages of writing. Sometime just after midnight, I agree to write the story—or at least attempt it.

Their decision to make this information public was a difficult one for them. The circumstances are delicate, involving their mother and, more tangentially, their father. Michael and Carolyn recognized that coming forth with the story might result in tawdry gossip and unkind debasement of whatever memories people have of Richard and Francesca Johnson.

Yet in a world where personal commitment in all of its forms seems to be shattering and love has become a matter of convenience, they both felt this remarkable tale was worth the telling. I believed then, and I believe even more strongly now, they were correct in their assessment.

In the course of my research and writing, I asked to meet with Michael and Carolyn three more times. On each occasion, and without complaint, they traveled to Iowa. Such was their eagerness to make sure the story was told accurately. Sometimes we merely talked; sometimes we slowly drove the roads of Madison County while they pointed out places having a significant role in the story.

In addition to the help provided by Michael and Carolyn, the story as I tell it here is based on information contained in the journals of Francesca Johnson; research conducted in the northwestern United States, particularly Seattle and Bellingham, Washington; research carried out quietly in Madison County, Iowa; information gleaned from the photographic essays of Robert Kincaid; assistance provided by magazine editors; detail supplied by manufacturers of photographic films and equipment; and long discussions with several wonderful elderly people in the county home at Barnesville, Ohio, who remembered Kincaid from his boyhood days.

In spite of the investigative effort, gaps remain. I have added a little of my own imagination in those instances, but only when I could make reasoned judgments flowing from the intimate familiarity with Francesca Johnson and Robert Kincaid I gained through my research. I am confident that I have come very close to what actually happened.

One major gap involves the exact details of a trip made across the northern United States by Kincaid. We knew he made this journey, based on a number of photographs that subsequently were published, a brief mention of it by Francesca Johnson in her journals, and handwritten notes he left with a magazine editor. Using these sources as my guide, I retraced what I believe was the path he took from Bellingham to Madison County in August of 1965. Driving toward

Madison County at the end of my travels, I felt I had, in many ways, become Robert Kincaid.

Still, attempting to capture the essence of Kincaid was the most challenging part of my research and writing. He is an elusive figure. At times he seems rather ordinary. At other times ethereal, perhaps even spectral. In his work he was a consummate professional. Yet he saw himself as a peculiar kind of male animal becoming obsolete in a world given over to increasing amounts of organization. He once talked about the "merciless wail" of time in his head, and Francesca Johnson characterized him as living "in strange, haunted places, far back along the stems of Darwin's logic."

Two other intriguing questions are still unanswered. First, we have been unable to determine what became of Kincaid's photographic files. Given the nature of his work, there must have been thousands, probably hundreds of thousands, of photographs. These never have been recovered. Our best guess—and this would be consistent with the way he saw himself and his place in the world—is that he destroyed them prior to his death.

The second question deals with his life from 1975 to 1982. Very little information is available. We know he earned a sparse living as a portrait photographer in Seattle for several years and continued to photograph the Puget Sound area. Other than that, we have nothing. One interesting note is that all letters mailed to him by the Social Security Administration and Veterans Administration were marked "Return to Sender" in his handwriting and sent back.

Preparing and writing this book has altered my world view, transformed the way I think, and, most of all, reduced my level of cynicism about what is possible in the arena of human relationships. Coming to know Francesca Johnson and Robert Kincaid as I have through my research, I find the boundaries of such relationships can be extended further than I previously thought. Perhaps you will have the same experience in reading this story.

That will not be easy. In an increasingly callous world, we all exist with our own carapaces of scabbed-over sensibilities. Where great passion leaves off and mawkishness begins, I'm not sure. But our tendency to scoff at the possibility of the former and to label genuine and profound feelings as maudlin makes it difficult to enter the realm of gentleness required to understand the story of Francesca Johnson and Robert Kincaid. I know I had to overcome that tendency initially before I could begin writing.

If, however, you approach what follows with a willing suspension of disbelief, as Coleridge put it, I am confident you will experience what I have experienced. In the indifferent spaces of your heart, you may even find, as Francesca Johnson did, room to dance again.

Summer 1991

THE BRIDGES
OF MADISON COUNTY

Robert Kincaid

On the morning of August 8, 1965, Robert Kincaid locked the door to his small two-room apartment on the third door of a rambling house in Bellingham, Washington. He carried a knapsack full of photography equipment and a suitcase down wooden stairs and through a hallway to the back, where his old Chevrolet pickup truck was parked in a space reserved for residents of the building.

Another knapsack, a medium-size ice chest, two tripods, cartons of Camel cigarettes, a Thermos, and a bag of fruit were already inside. In the truck box was a guitar case. Kincaid arranged the knapsacks on the seat and put the cooler and tripods on the floor. He climbed into the truck box and wedged the guitar case and suitcase into a corner of the box, bracing them with a spare tire lying on its side and securing both cases to the tire with a length of clothesline rope. Under the worn spare he shoved a black tarpaulin.

He stepped in behind the wheel, lit a Camel, and went through his mental checklist: two hundred rolls of assorted film, mostly slow-speed Kodachrome; tripods; cooler; three cameras and five lenses; jeans and khaki slacks; shirts; wearing photo vest. Okay. Anything else he could buy on the road if he had forgotten it.

Kincaid wore faded Levi's, well-used Red Wing field boots, a khaki shirt, and orange suspenders. On his wide leather belt was fastened a Swiss Army knife in its own case.

He looked at his watch: eight-seventeen. The truck started on the second try, and he backed out, shifted gears, and moved slowly down the alley under hazy sun. Through the streets of Bellingham he went, heading south on Washington 11, running along the coast of Puget Sound for a few miles, then following the highway as it swung east a little before meeting U.S. Route 20.

Turning into the sun, he began the long, winding drive through the Cascades. He liked this country and felt unpressed, stopping now and then to make notes about interesting possibilities for future expeditions or to shoot what he called "memory snapshots." The purpose of these cursory photographs was to remind him of places he might want to visit again and approach more seriously. In late afternoon he turned north at Spokane, picking up U.S. Route 2, which would take him halfway across the northern United States to Duluth, Minnesota.

He wished for the thousandth time in his life that he had a dog, a golden retriever, maybe, for travels like this and to keep him company at home. But he was frequently away, overseas much of the time, and it would not be fair to the animal. Still, he thought about it anyway. In a few years he would be getting too old for the hard fieldwork. "I might get a dog then," he said to the coniferous green rolling by his truck window.

Drives like this always put him into a taking-stock mood. The dog was part of it. Robert Kincaid was as alone as it's possible to be—an only child, parents both dead, distant relatives who had lost track of him and he of them, no close friends.

He knew the names of the man who owned the corner market in Bellingham and the proprietor of the photographic store where he bought his supplies. He also had formal, professional relationships with several magazine editors. Other than that, he knew scarcely anyone well, nor they him. Gypsies make difficult friends for ordinary people, and he was something of a gypsy.

He thought about Marian. She had left him nine years ago after five years of marriage. He was fifty-two now; that would make her just under forty. Marian had dreams of becoming a musician, a folksinger. She knew all of the Weavers' songs and sang them pretty well in the coffeehouses of Seattle. When he was home in the old days, he drove her to gigs and sat in the audience while she sang.

His long absences—two or three months sometimes—were hard on the marriage. He knew that. She was aware of what he did when they decided to get married, and each of them had a vague sense that it could all be handled somehow. It couldn't. When he came home from photographing a story in Iceland, she was gone. The note read: "Robert, it didn't work out. I left you the Harmony guitar. Stay in touch."

He didn't stay in touch. Neither did she. He signed the divorce papers when they arrived a year later and caught a plane for Australia the next day. She had asked for nothing except her freedom.

At Kalispell, Montana, he stopped for the night, late. The Cozy Inn looked inexpensive, and was. He carried his gear into a room containing two table lamps, one of which had a burned-out bulb. Lying in bed, reading *The Green Hills of Africa* and drinking a beer, he could smell the paper mills of Kalispell. In the morning he jogged for forty minutes, did fifty push-ups, and used his cameras as small hand weights to complete the routine.

Across the top of Montana he drove, into North Dakota and the spare, flat country he found as fascinating as the mountains or the sea. There was a kind of austere beauty to this place, and he stopped several times, set up a tripod, and shot some black-and-whites of old farm buildings. This landscape appealed to his minimalist leanings. The Indian reservations were depressing, for all of the reasons everybody knows and ignores. Those kinds of settlements were no better in northwestern Washington, though, or anywhere else he had seen them.

On the morning of August 14, two hours out of Duluth, he sliced northeast and took a back road up to Hibbing and the iron mines. Red dust floated in the air, and there were big machines and trains specially designed to haul the ore to freighters at Two Harbors on Lake Superior. He spent an afternoon looking around Hibbing and found it not to his liking, even if Bob Zimmerman-Dylan was from there originally.

The only song of Dylan's he had ever really cared for was "Girl from the North Country." He could play and sing that one, and he hummed the words to himself as he left behind the place with giant red holes in the earth. Marian had shown him some chords and how to handle basic arpeggios to accompany himself. "She left me with more than I left her," he said once to a boozy riverboat pilot in a place called McElroy's Bar, somewhere in the Amazon basin. And it was true.

The Superior National Forest was nice, real nice. Voyageur country. When he was young, he'd wished the old voyageur days were not over so he could become one. He drove by meadows, saw three moose, a red fox, and lots of deer. At a pond he stopped and shot some reflections on the water made by an odd-shaped tree branch. When he finished he sat on the running board of his truck, drinking coffee, smoking a Camel, and listening to the wind in the birch trees.

"It would be good to have someone, a woman," he thought, watching the smoke from his cigarette blow out over the pond. "Getting older puts you in that frame of mind." But with him gone so much, it would be tough on the one left at home. He'd already learned that.

When he was home in Bellingham, he occasionally dated the creative director for a Seattle advertising agency. He had met her while doing a corporate job. She was forty-two, bright, and a nice person, but he didn't love her, would never love her.

Sometimes they both got a little lonely, though, and would spend an evening together, going to a movie, having a few beers, and making pretty decent love later on. She'd been around—two marriages, worked as a waitress in several bars while attending college. Invariably, after they'd completed their lovemaking and were lying together, she'd tell him, "You're the best, Robert, no competition, nobody even close."

He supposed that was a good thing for a man to hear, but he was not all that experienced and had no way of knowing whether or not she was telling the truth anyway. But she did say something one time that haunted him: “Robert, there’s a creature inside of you that I’m not good enough to bring out, not strong enough to reach. I sometimes have the feeling you’ve been here a long time, more than one lifetime, and that you’ve dwelt in private places none of the rest of us has even dreamed about. You frighten me, even though you’re gentle with me. If I didn’t fight to control myself with you, I feel like I might lose my center and never get back.”

He knew in an obscure way what she was talking about. But he couldn’t get his hands on it himself. He’d had these drifting kinds of thoughts, a wistful sense of the tragic combined with intense physical and intellectual power, even as a young boy growing up in a small Ohio town. When other kids were singing “Row, Row, Row Your Boat,” he was learning the melody and English words to a French cabaret song.

He liked words and images. “Blue” was one of his favorite words. He liked the feeling it made on his lips and tongue when he said it. Words have physical feeling, not just meaning, he remembered thinking when he was young. He liked other words, such as “distant,” “woodsmoke,” “highway,” “ancient,” “passage,” “voyageur,” and “India” for how they sounded, how they tasted, and what they conjured up in his mind. He kept lists of words he liked posted in his room.

Then he joined the words into phrases and posted those as well:

Too close to the fire.

I came from the East with a small band of travelers.

The constant chirping of those who would save me and those who would sell me.

Talisman, Talisman, show me your secrets.
Helmsman, Helmsman, turn me for home.
Lying naked where blue whales swim.

She wished him steaming trains that left from winter stations.

Before I became a man, I was an arrow—long time ago.

Then there were the places whose names he liked: the Somali Current, the Big Hatchet Mountains, the Malacca Strait, and a long list of others. The sheets of paper with words and phrases and places eventually covered the walls of his room.

Even his mother noticed something different about him. He never spoke a word until he was three, then began talking in complete sentences, and he could read extremely well by five. In school he was an indifferent student, frustrating the teachers.

They looked at his IQ scores and talked to him about achievement, about doing what he was capable of doing, that he could become anything he wanted to become. One of his high school teachers wrote the following in an evaluation of him: "He believes that 'IQ tests are a poor way to judge people's abilities, failing as they do to account for magic, which has its own importance, both by itself and as a complement to logic.' I suggest a conference with his parents."

His mother met with several teachers. When the teachers talked about Robert's quietly recalcitrant behavior in light of his abilities, she said, "Robert lives in a world of his own making. I know he's my son, but I sometimes have the feeling that he came not from my husband and me, but from another place to which he's trying to return. I appreciate your interest in him, and I'll try once more to encourage him to do better in school."

But he had been content to read all the adventure and travel books in the local library and kept to himself otherwise, spending days along the river that ran through the edge of town, ignoring proms and football games and other things that bored him. He fished and swam and walked and lay in long grass listening to distant voices he fancied only he could hear. "There are wizards out there," he used to say to himself. "If you're quiet and open enough to hear them, they're out there." And he wished he had a dog to share these moments.

There was no money for college. And no desire for it, either. His father worked hard and was good to his mother and him, but the job in a valve factory didn't leave much for other things, including the care of a dog. He was eighteen when his father died, so with the Great Depression bearing down hard, he enlisted in the army as a way of supporting his mother and himself. He stayed there four years, but those four years changed his life.

In the mysterious way that military minds work, he was assigned to a job as photographer's assistant, though he had no idea of even how to load a camera. But in that work, he discovered his profession. The technical details were easy for him. Within a month he was not only doing the darkroom work for two of the staff photographers, but also was allowed to shoot simple projects himself.

One of the photographers, Jim Peterson, liked him and spent extra time showing him the subtleties of photography. Robert Kincaid checked out photo books and art books from the Fort Monmouth town library and studied them. Early on, he particularly liked the French impressionists and Rembrandt's use of light.

Eventually he began to see that light was what he photographed, not objects. The objects merely were the vehicles for reflecting the light. If the light was good, you could always find something to photograph. The 35-millimeter camera was beginning to emerge then, and he purchased a used Leica at a local camera store. He took it down to Cape May, New Jersey, and spent a week of his leave there photographing life along the shore.

Another time he rode a bus to Maine and hitchhiked up the coast, caught the dawn mail boat out of Isle Au Haut from Stonington, and camped, then took a ferry across the Bay of Fundy to Nova Scotia. He began keeping notes of his camera settings and places he wanted to visit again. When he came out of the army at twenty-two, he was a pretty decent shooter and found work in New York assisting a well-known fashion photographer.

The female models were beautiful; he dated a few and fell partially in love with one before she moved to Paris and they drifted apart. She had said to him: “Robert, I don’t know who or what you are for sure, but please come visit me in Paris.” He told her he would, meant it when he said it, but never got there. Years later when he was doing a story on the beaches of Normandy, he found her name in the Paris book, called, and they had coffee at an outdoor cafe. She was married to a cinema director and had three children.

He couldn’t get very keen on the idea of fashion. People threw away perfectly good clothes or hastily had them made over according to the instructions of European fashion dictators. It seemed dumb to him, and he felt lessened doing the photography. “You are what you produce,” he said as he left this work.

His mother died during his second year in New York. He went back to Ohio, buried her, and sat before a lawyer, listening to the reading of the will. There wasn’t much. He didn’t expect there would be anything. But he was surprised to find his parents had accumulated a little equity in the tiny house on Franklin Street where they had lived all their married lives. He sold the house and bought first-class equipment with the money. As he paid the camera salesman, he thought of the years his father had worked for those dollars and the plain life his parents had led.

Some of his work began to appear in small magazines. Then *National Geographic* called. They had seen a calendar shot he had taken out on Cape May. He talked with them, got a minor assignment, executed it professionally, and was on his way.

The military asked him back in 1943. He went with the Marines and slogged his way up South Pacific beaches, cameras swinging from his shoulders, lying on his back, photographing the men coming off amphibious landing craft. He saw the terror on their faces, felt it himself. Saw them cut in two by machine-gun fire, saw them plead to God and their mothers for help. He got it all, survived, and never became hooked on the so-called glory and romance of war photography.

Coming out of the service in 1945, he called *National Geographic.* They were ready for him, anytime. He bought a motorcycle in San Francisco, ran it south to Big Sur, made love on a beach with a cellist from Carmel, and turned north to explore Washington. He liked it there and decided to make it his base.

Now, at fifty-two, he was still watching the light. He had been to most of the places posted on his boyhood walls and marveled he actually was there when he visited them, sitting in the Raffles Bar, riding up the Amazon on a chugging riverboat, and rocking on a camel through the Rajasthani desert.

The Lake Superior shore was as nice as he'd heard it was. He marked down several locations for future reference, took some shots to jog his memory later on, and headed south along the Mississippi River toward Iowa. He'd never been to Iowa but was taken with the hills of the northeast part along the big river. Stopping in the little town of Clayton, he stayed at a fisherman's motel and spent two mornings shooting the towboats and an afternoon on a tug at the invitation of a pilot he met in a local bar.

Cutting over to U.S. Route 65, he went through Des Moines early on a Monday morning, August 16, 1965, swung west at Iowa 92, and headed for Madison County and the covered bridges that were supposed to be there, according to *National Geographic*. They were there all right, the man in the Texaco station said so and gave him directions, just fairish directions, to all seven.

The first six were easy to find as he mapped out his strategy for photographing them. The seventh, a place called Roseman Bridge, eluded him. It was hot, he was hot, Harry—his truck—was hot, and he was wandering around on gravel roads that seemed to lead nowhere except to the next gravel road.

In foreign countries, his rule of thumb was,"Ask three times." He had discovered that three responses, even if they all were wrong, gradually vectored you in to where you wanted to go. Maybe twice would be enough here.

A mailbox was coming up, sitting at the end of a lane about one hundred yards long. The name on the box read "Richard Johnson, RR 2." He slowed down and turned up the lane, looking for guidance.

When he pulled into the yard, a woman was sitting on the front porch. It looked cool there, and she was drinking something that looked even cooler. She came off the porch toward him. He stepped from the truck and looked at her, looked closer, and then closer still. She was lovely, or had been at one time, or could be again. And immediately he began to feel the old clumsiness he always suffered around women to whom he was even faintly attracted.

Francesca

Deep autumn was birthday time for Francesca, and cold rain swept against her frame house in the south Iowa countryside. She watched the rain, looked through it toward the hills along Middle River, thinking of Richard. He had died on a day like this, eight years ago, from something with a name she would rather not remember. But Francesca thought of him now and his sturdy kindness, his steady ways, and the even life he had given her.

The children had called. Neither of them could make it home again this year for her birthday, though it was her sixty-seventh. She understood, as she always did. Always had. Always would. They were both in midcareer, running hard, managing a hospital, teaching students, Michael getting into his second marriage, Carolyn struggling with her first. Secretly she was glad they never seemed to arrange a visit on her birthday; she had her own ceremonies reserved for that day.

This morning her friends from Winterset had stopped by with a birthday cake. Francesca made coffee, while the talk ran to grandchildren and the town, to Thanksgiving and what to get for

Christmas for whom. The quiet laughter and the rise and fall of conversation from the living room were comforting in their familiarity and reminded Francesca of one small reason why she had stayed here after Richard's death.

Michael had touted Florida, Carolyn New England. But she had remained in the hills of south Iowa, on the land, keeping her old address for a special reason, and she was glad she had done that.

Francesca had watched them leave at lunchtime. They drove their Buicks and Fords down the lane, turned onto the paved county road, and headed toward Winterset, wiper blades pushing aside the rain. They were good friends, though they would never understand what lay inside of her, would not understand even if she told them.

Her husband had said she would find good friends, when he brought her here after the war, from Naples. He said, "Iowans have their faults, but one of them is not lack of caring." And that was true, is true.

She had been twenty-five when they met—out of the university for three years, teaching at a private school for girls, wondering about her life. Most of the young Italian men were dead or injured or in POW camps or broken by the fighting. Her affair with Niccolo, a professor of art at the university, who painted all day and took her on wild, reckless tours of the underside of Naples at night, had been over for a year, done in finally by the unceasing disapproval of her traditional parents.

She wore ribbons in her black hair and clung to her dreams. But no handsome sailors disembarked looking for her, no voices came up to her window from the streets below. The hard press of reality brought her to the recognition that her choices were constrained. Richard offered a reasonable alternative: kindness and the sweet promise of America.

She had studied him in his soldier's uniform as they sat in a cafe in the Mediterranean sunlight, saw him looking earnestly at her in his midwestern way, and came to Iowa with him. Came to have his children, to watch Michael play football on cold October nights, to take Carolyn to Des Moines for her prom dresses. She exchanged letters with her sister in Naples several times each year and had returned there twice, when each of her parents had died. But Madison County was home now, and she had no longing to go back again.

The rain stopped in midafternoon, then resumed its ways just before evening. In the twilight, Francesca poured a small glass of brandy and opened the bottom drawer of Richard's rolltop desk, the walnut piece that had passed down through three generations of his family. She took out a manila envelope and brushed her hand across it slowly, as she did each year on this day.

The postmark read "Seattle, WA, Sep 12 '65." She always looked at the postmark first. That was part of the ritual. Then to the address written in longhand: "Francesca Johnson, RR 2, Winterset, Iowa." Next the return address, carelessly scrabbled in the upper left: "Box 642, Bellingham, Washington." She sat in a chair by the window, looked at the addresses, and concentrated, for contained in them was the movement of his hands, and she wanted to bring back the feel of those hands on her twenty-two years ago.

When she could feel his hands touching her, she opened the envelope, carefully removed three letters, a short manuscript, two photographs, and a complete issue of *National Geographic* along with clippings from other issues of the magazine. There, in gray light fading, she sipped her brandy, looking over the rim of her glass to the handwritten note clipped on the typed manuscript pages. The letter was on his stationery, simple stationery that said only "Robert Kincaid, Writer-Photographer" at the top in discreet lettering.

September 10, 1965

Dear Francesca,

Enclosed are two photographs. One is the shot I took of you in the pasture at sunrise. I hope you like it as much as I do. The other is of Roseman Bridge before I removed your note tacked to it.

I sit here trolling the gray areas of my mind for every detail, every moment, of our time together. I ask myself over and over, "What happened to me in Madison County, Iowa?" And I struggle to bring it together. That's why I wrote the little piece, "Falling from Dimension Z," I have enclosed, as a way of trying to sift through my confusion.

I look down the barrel of a lens, and you're at the end of it. I begin work on an article, and I'm writing about you. I'm not even sure how I got back here from Iowa. Somehow the old truck brought me home, yet I barely remember the miles going by.

A few weeks ago, I felt self-contained, reasonably content. Maybe not profoundly happy, maybe a little lonely, but at least content. All of that has changed.

It's clear to me now that I have been moving toward you and you toward me for a long time. Though neither of us was aware of the other before we met, there was a kind of mindless certainty humming blithely along beneath our ignorance that ensured we would come together. Like two solitary birds flying the great prairies by celestial reckoning, all of these years and lifetimes we have been moving toward one another.

The road is a strange place. Shuffling along, I looked up and you were there walking across the grass toward my truck on an August day. In retrospect, it seems inevitable—it could not have been any other way—a case of what I call the high probability of the improbable.

So here I am walking around with another person inside of me. Though I think I put it better the day we parted when I said there is a third person we have created from the two of us. And I am stalked now by that other entity.

Somehow, we must see each other again. Any place, anytime.

Call me if you ever need anything or simply want to see me. I'll be there, pronto. Let me know if you can come out here sometime—anytime. I can arrange plane fare, if that's a problem. I'm off to southeast India next week, but I'll be back in late October.

I Love You,

Robert

P. S., The photo project in Madison County turned out fine. Look for it in NG next year. Or tell me if you want me to send a copy of the issue when it's published.

Francesca Johnson set her brandy glass on the wide oak windowsill and stared at an eight-by-ten black-and-white photograph of herself. Sometimes it was hard for her to remember how she had looked then, twenty-two years ago. In tight faded jeans, sandals, and a white T-shirt, her hair blowing in the morning wind as she leaned against a fence post.

Through the rain, from her place by the window, she could see the post where the old fence still circumscribed the pasture. When she rented out the land, after Richard died, she stipulated the pasture must be kept intact, left untouched, even though it was empty now and had turned to meadow grass.

The first serious lines were just beginning to show on her face in the photograph. His camera had found them. Still, she was pleased with what she saw. Her hair was black, and her body was full and warm, filling out the jeans just about right. Yet it was her face at which she stared. It was the face of a woman desperately in love with the man taking the picture.

She could see him clearly also, down the flow of her memory. Each year she ran all of the images through her mind, meticulously, remembering everything, forgetting nothing, imprinting all of it, forever, like tribesmen passing down an oral history through the generations. He was tall and thin and hard, and he moved like the grass itself, without effort, gracefully. His silver-gray hair hung well below his ears and nearly always looked disheveled, as if he had just come in from a long sea voyage through a stiff wind and had tried to brush it into place with his hands.

His narrow face, high cheekbones, and hair falling over his forehead set off light blue eyes that seemed never to stop looking for the next photograph. He had smiled at her, saying how fine and warm she looked in early light, asked her to lean against the post, and then moved around her in a wide arc, shooting from knee level, then standing, then lying on his back with the camera pointed up at her.

She had been slightly embarrassed at the amount of film he used but pleased by the amount of attention he paid to her. She hoped none of the neighbors were out early on their tractors. Though on that particular morning she hadn't cared too much about neighbors and what they thought.

He shot, loaded film, changed lenses, changed cameras, shot some more, and talked quietly to her as he worked, always telling her how good she looked to him and how much he loved her. "Francesca, you're incredibly beautiful." Sometimes he stopped and just stared at her, through her, around her, inside of her.

Her nipples were clearly outlined where they pressed against the cotton T-shirt. She had been strangely unconcerned about that, about being naked under the shirt. More, she was glad of it and was warmed knowing that he could see her breasts so clearly down his lenses. Never would she have dressed this way around Richard. He would not have approved. Indeed, before meeting Robert Kincaid, she would not have dressed this way anytime.

Robert had asked her to arch her back ever so slightly, and he had whispered then, "Yes, yes, that's it, stay there." That was when he had taken the photograph at which she now stared. The light was perfect, that's what he had said—"cloudy bright" was his name for it—and the shutter clicked steadily as he moved around her.

He was lithe; that was the word she had thought of while watching him. At fifty-two his body was all lean muscle, muscle that moved with the kind of intensity and power that comes only to men who work hard and take care of themselves. He told her he had been a combat photographer in the Pacific, and Francesca could imagine him coming up smoke-drenched beaches with the marines, cameras banging against him, one to his eye, the shutter almost on fire with the speed of his picture taking.

She looked at the picture again, studied it. I did look good, she thought, smiling to herself at the mild self-admiration. "I never looked that good before or after. It was him." And she took another sip of brandy while the rain climbed up and rode hard on the back of November wind.

Robert Kincaid was a magician of sorts, who lived within himself in strange, almost threatening places. Francesca had sensed as much immediately on a hot, dry Monday in August 1965, when he stepped out of his truck onto her driveway. Richard and the children were at the Illinois State Fair, exhibiting the prize steer that received more attention than she did, and she had the week to herself.

She had been sitting on the front porch swing, drinking iced tea, casually watching the dust spiral up from under a pickup coming down the county road. The truck was moving slowly, as if the driver were looking for something, stopped just short of her lane, then turned up it toward the house. Oh, God, she had thought. Who's this?

She was barefoot, wearing jeans and a faded blue workshirt with the sleeves rolled up, shirttail out. Her long black hair was fastened up by a tortoiseshell comb her father had given her when she left the old country. The truck rolled up the lane and stopped near the gate to the wire fence surrounding the house.

Francesca stepped off the porch and walked unhurriedly through the grass toward the gate. And out of the pickup came Robert Kincaid, looking like some vision from a never-written book called *An Illustrated History of Shamans*.

His tan military-style shirt was tacked down to his back with perspiration; there were wide, dark circles of it under his arms. The top three buttons were undone, and she could see tight chest muscles just below the plain silver chain around his neck. Over his shoulders were wide orange suspenders, the kind worn by people who spent a lot of time in wilderness areas.

He smiled. "I'm sorry to bother you, but I'm looking for a covered bridge out this way, and I can't find it. I think I'm temporarily lost." He wiped his forehead with a blue bandanna and smiled again.

His eyes looked directly at her, and she felt something jump inside. The eyes, the voice, the face, the silver hair, the easy way he moved his body, old ways, disturbing ways, ways that draw you in. Ways that whisper to you in the final moment before sleep comes, when the barriers have fallen. Ways that rearrange the molecular space between male and female, regardless of species.

The generations must roll, and the ways whisper only of that single requirement, nothing more. The power is infinite, the design supremely elegant. The ways are unswerving, their goal is clear. The ways are simple; we have made them seem complicated. Francesca sensed this without knowing she was sensing it, sensed it at the level of her cells. And there began the thing that would change her forever.

A car went past on the road, trailing dust behind it, and honked. Francesca waved back at Floyd Clark's brown arm sticking out of his Chevy and turned back to the stranger. "You're pretty close. The bridge is only about two miles from here." Then, after twenty years of living the close life, a life of circumscribed behavior and hidden feelings demanded by a rural culture, Francesca Johnson surprised herself by saying, "I'll be glad to show it to you, if you want."

Why she did that, she never had been sure. A young girl's feelings rising like a bubble through water and bursting out, maybe, after all these years. She was not shy, but not forward, either. The only thing she could ever conclude was that Robert Kincaid had drawn her in somehow, after only a few seconds of looking at him.

He was obviously taken aback, slightly, by her offer. But he recovered quickly and with a serious look on his face said he'd appreciate that. From the back steps she picked up the cowboy boots she wore for farm chores and walked out to his truck, following him around to the passenger side.

"Just take me a minute to make room for you; lots of gear 'n' stuff in here." He mumbled mostly to himself as he worked, and she could tell he was a little flustered, and a little shy about the whole affair.

He was rearranging canvas bags and tripods, a Thermos bottle and paper sacks. In the back of the pickup were an old tan Samsonite suitcase and a guitar case, both dusty and battered, both tied to a spare tire with a piece of clothesline rope.

The door of the truck swung shut, banging him in the rear as he mumbled and sorted and stuffed paper coffee cups and banana peels into a brown grocery bag that he tossed into the truck box when he was finished. Finally he removed a blue-and-white ice chest and put that in the back as well. In faded red paint on the green truck door was printed "Kincaid Photography, Bellingham, Washington."

"Okay, I think you can squeeze in there now." He held the door, closed it behind her, then went around to the driver's side and with a peculiar, animal-like grace stepped in behind the wheel. He looked at her, just a quick glance, smiled slightly, and said, "Which way?"

"Right." She motioned with her hand. He turned the key, and the out-of-tune engine ground to a start. Along the lane toward the road, bouncing, his long legs working the pedals automatically, old Levi's running down over leather-laced, brown field boots that had seen lots of foot miles go by.

He leaned over and reached into the glove compartment, his forearm accidentally brushing across her lower thigh. Looking half out the windshield and half into the compartment, he took out a business card and handed it to her. "Robert Kincaid, Writer-Photographer." His address was printed there, along with a phone number.

"I'm out here on assignment for *National Geographic*," he said. "You familiar with the magazine?"

"Yes." Francesca nodded, thinking, Isn't everybody?

"They're doing a piece on covered bridges, and Madison County, Iowa, apparently has some interesting ones. I've located six of them, but I guess there's at least one more, and it's supposed to be out in this direction."

"It's called Roseman Bridge," said Francesca over the noise of the wind and tires and engine. Her voice sounded strange, as if it belonged to someone else, to a teenage girl leaning out of a window in Naples, looking far down city streets toward the trains or out at the harbor and thinking of distant lovers yet to come. As she spoke, she watched the muscles in his forearm flex when he shifted gears.

Two knapsacks were beside her. The flap of one was closed, but the other was folded back, and she could see the silver-colored top and black back of a camera sticking out. The end of a film box, "Kodachrome II, 25. 36 Exposures," was taped to the camera back. Stuffed behind the packs was a tan vest with many pockets. Out of one pocket dangled a thin cord with a plunger on the end.

Behind her feet were two tripods. They were badly scratched, but she could read part of the worn label on one: "Gitzo." When he had opened the glove box, she noticed it was crammed with notebooks, maps, pens, empty film canisters, loose change, and a carton of Camel cigarettes.

"Turn right at the next corner," she said. That gave her an excuse to glance at the profile of Robert Kincaid. His skin was tanned and smooth and shiny with sweat. He had nice lips; for some reason she had noticed that right away. And his nose was like that she had seen on Indian men during a vacation the family had taken out west when the children were young.

He wasn't handsome, not in any conventional sense. Nor was he homely. Those words didn't seem to apply to him. But there was something, something about him. Something very old, something slightly battered by the years, not in his appearance, but in his eyes.

On his left wrist was a complicated-looking watch with a brown, sweat-stained leather band. A silver bracelet with some intricate scrollwork clung to his right wrist. It needed a good rubbing with silver polish, she thought, then chastised herself for being caught up in the trivia of small-town life she had silently rebelled against through the years.

Robert Kincaid pulled a pack of cigarettes from his shirt pocket, shook one halfway out, and offered it to her. For the second time in five minutes, she surprised herself and took the cigarette. What am I doing? she thought. She had smoked years ago but gave it up under the steady thump of criticism from Richard. He shook out another one, put it between his lips, and flicked a gold Zippo lighter into flame, holding it toward her while he kept his eyes on the road.

She cupped her hands around the lighter to hold the wind in abeyance and touched his hand to steady it against the bouncing of the truck. It took only an instant for her to light the cigarette, but that was long enough to feel the warmth of his hand and the tiny hairs along the back of it. She leaned back and he swung the lighter toward his own cigarette, expertly forming his wind cup, taking his hands off the steering wheel for no more than a second.

Francesca Johnson, farmer's wife, rested against the dusty truck seat, smoked the cigarette, and pointed. "There it is, just around the curve." The old bridge, peeling red in color, tilting slightly from all the years, sat across a small stream.

Robert Kincaid had smiled then. He quickly looked at her and said, "It's great. A sunrise shot." He stopped a hundred feet from the bridge and got out, taking the open knapsack with him. "I'm going to do a little reconnaissance for a few minutes, do you mind?" She shook her head and smiled back.

Francesca watched him walk up the country road, taking a camera from the knapsack and then slinging the bag over his left shoulder. He had done that thousands of times, that exact movement. She could tell by the fluidity of it. As he walked, his head never stopped moving, looking from side to side, then at the bridge, then at the trees behind the bridge. Once he turned and looked back at her, his face serious.

In contrast with the local folks, who fed on gravy and potatoes and red meat, three times a day for some of them, Robert Kincaid looked as if he ate nothing but fruit and nuts and vegetables. Hard, she thought. He looks hard, physically. She noticed how small his rear was in his tight jeans—she could see the outlines of his billfold in the left pocket and the bandanna in the right one—and how he seemed to move over the ground with unwasted motion.

It was quiet. A redwing blackbird sat on fence wire and looked in at her. A meadowlark called from the roadside grass. Nothing else moved in the white sun of August.

Just short of the bridge, Robert Kincaid stopped. He stood there for a moment, then squatted down, looking through the camera. He walked to the other side of the road and did the same thing. Then he moved into the cover of the bridge and studied the beams and floor planks, looked at the stream below through a hole in the side.

Francesca snuffed out her cigarette in the ashtray, swung open the door, and put her boots on the gravel. She glanced around to make sure none of her neighbors' cars were coming and walked toward the bridge. The sun was a hammer in late afternoon, and it looked cooler inside the bridge. She could see his silhouette at the other end until he disappeared down the incline toward the stream.

Inside, she could hear pigeons burbling softly in their nests under the eves and put the palm of her hand on the side planking, feeling the warmth. Graffiti was scrawled on some of the planks: "Jimbo—

Denison, Iowa." "Sherry + Dubby." "Go Hawks!" The pigeons kept on burbling softly.

Francesca peeked through a crack between two of the side planks, down toward the stream where Robert Kincaid had gone. He was standing on a rock in the middle of the little river, looking toward the bridge, and she was startled to see him wave. He jumped back to the bank and moved easily up the steep grade. She kept watching the water until she sensed his boots on the bridge flooring.

"It's real nice, real pretty here," he said, his voice reverberating inside the covered bridge.

Francesca nodded. "Yes, it is. We take these old bridges for granted around here and don't think much about them."

He walked to her and held out a small bouquet of wildflowers, black-eyed Susans. "Thanks for the guided tour." He smiled softly. "I'll come back at dawn one of these days and get my shots." She felt something inside of her again. Flowers. Nobody gave her flowers, even on special occasions.

"I don't know your name," he said. She realized then that she had not told him and felt dumb about that. When she did, he nodded and said, "I caught the smallest trace of an accent. Italian?"

"Yes. A long time ago."

The green truck again. Along the gravel roads with the sun lowering itself. Twice they met cars, but it was nobody Francesca knew. In the four minutes it took to reach the farm, she drifted, feeling unraveled and strange. More of Robert Kincaid, writer-photographer, that's what she wanted. She wanted to know more and clutched the flowers on her lap, held them straight up, like a schoolgirl coming back from an outing.

The blood was in her face. She could feel it. She hadn't done anything or said anything, but she felt as if she had. The truck radio, indistinguishable almost in the roar of road and wind, carried a steel guitar song, followed by the five o'clock news.

He turned the truck up the lane. "Richard is your husband?" He had seen the mailbox.

"Yes," said Francesca, slightly short of breath. Once her words started, they kept on coming. "It's pretty hot. Would you like an ice tea?"

He looked over at her. "If it's all right, I sure would." "It's all right," she said.

She directed him—casually, she hoped—to park the pickup around behind the house. What she didn't need was for Richard to come home and have one of the neighbor men say, "Hey, Dick, havin' some work done at the place? Saw a green pickup there last week. Knew Frannie was home so I did'n bother to check on it."

Up broken cement steps to the back porch door. He held the door for her, carrying his camera knapsacks. "Awful hot to leave the equipment in the truck," he had said when he pulled them out.

A little cooler in the kitchen, but still hot. The collie snuffled around Kincaid's boots, then went out on the back porch and flopped down while Francesca removed ice from metal trays and poured sun tea from a half-gallon glass jug. She knew he was watching her as he sat at the kitchen table, long legs stretched in front of him, brushing his hair with both hands.

"Lemon?"

"Yes, please."

"Sugar?"

"No, thanks."

The lemon juice dribbled slowly down the side of a glass, and he saw that, too. Robert Kincaid missed little.

Francesca set the glass before him. Put her own on the other side of the Formica-topped table and her bouquet in water, in an old jelly glass with renderings of Donald Duck on it. Leaning against the counter, she balanced on one leg, bent over, and took off a boot. Stood on her bare foot and reversed the process for the other boot.

He took a small drink of tea and watched her. She was about five feet six, fortyish or a little older, pretty face, and a fine, warm body. But there were pretty women everywhere he traveled. Such physical matters were nice, yet, to him, intelligence and passion born of living, the ability to move and be moved by subtleties of the mind and spirit, were what really counted. That's why he found most young women unattractive, regardless of their exterior beauty. They had not lived long enough or hard enough to possess those qualities that interested him.

But there was something in Francesca Johnson that did interest him. There was intelligence; he could sense that. And there was passion, though he couldn't quite grasp what that passion was directed toward or if it was directed at all.

Later, he would tell her that in ways undefinable, watching her take off her boots that day was one of the most sensual moments he could remember. Why was not important. That was not the way he approached his life. “Analysis destroys wholes. Some things, magic things, are meant to stay whole. If you look at their pieces, they go away.” That’s what he had said.

She sat at the table, one leg curled under her, and pulled back strands of hair that had fallen over her face, refastening them with the tortoiseshell comb. Then, remembering, she rose and went to the end cupboard, took down an ashtray, and set it on the table where he could reach it.

With that tacit permission, he pulled out a pack of Camels and held it toward her. She took one and noticed it was slightly wet from his heavy perspiring. Same routine. He held the gold Zippo, she touched his hand to steady it, felt his skin with her fingertips, and sat back. The cigarette tasted wonderful, and she smiled.

“What is it you do, exactly—I mean with the photography?”

He looked at his cigarette and spoke quietly. “I’m a contract shooter—uh, photographer—for *National Geographic*, part of the time. I get ideas, sell them to the magazine, and do the shoot. Or they have something they want done and contact me. Not a lot of room for artistic expression; it’s a pretty conservative publication. But the pay is decent. Not great, but decent, and steady. The rest of the time I write and photograph on my own hook and send pieces to other magazines.

If things get tough, I do corporate work, though I find that awfully confining.

"Sometimes I write poetry, just for myself. Now and then I try to write a little fiction, but I don't seem to have a feeling for it. I live north of Seattle and work around that area quite a bit. I like shooting the fishing boats and Indian settlements and landscapes.

"The *Geographic* work often keeps me at a location for a couple of months, particularly for a major piece on something like part of the Amazon or the North African desert. Ordinarily I fly to an assignment like this and rent a car. But I felt like driving through some places and scouting them out for future reference. I came down along Lake Superior; I'll go back through the Black Hills. How about you?"

Francesca hadn't expected him to ask. She stammered for a moment. "Oh, gosh, nothing like you do. I got my degree in comparative literature. Winterset was having trouble finding teachers when I arrived here in 1946, and the fact that I was married to a local man who was a veteran made me acceptable. So I picked up a teaching certificate and taught high school English for a few years. But Richard didn't like the idea of me working. He said he could support us, and there was no need for it, particularly when our two children were growing. So I stopped and became a farm wife full-time. That's it."

She noticed his iced tea was almost gone and poured him some more from the jug.

"Thanks. How do you like it here in Iowa?"

There was a moment of truth in this. She knew it. The standard reply was, “Just fine. It’s quiet. The people are real nice.”

She didn’t answer immediately. “Could I have another cigarette?” Again the pack of Camels, again the lighter, again touching his hand, lightly. Sunlight walked across the back porch floor and onto the dog, who got up and moved out of sight. Francesca, for the first time, looked into the eyes of Robert Kincaid.

“I’m supposed to say, ‘Just fine. It’s quiet. The people are real nice.’ All of that’s true, mostly. It is quiet. And the people are nice, in certain ways. We all help each other out. If someone gets sick or hurt, the neighbors pitch in and pick corn or harvest oats or do whatever needs to be done. In town, you can leave your car unlocked and let your children run without worrying about them. There are a lot of good things about the people here, and I respect them for those qualities.

“But”—she hesitated, smoked, looked across the table at Robert Kincaid—“it’s not what I dreamed about as a girl.” The confession, at last. The words had been there for years, and she had never said them. She had said them now to a man with a green pickup truck from Bellingham, Washington.

He said nothing for a moment. Then: “I scribbled something in my notebook the other day for future use, just had the idea while driving along; that happens a lot. It goes like this: ‘The old dreams were good dreams; they didn’t work out, but I’m glad I had them.’ I’m not sure what that means, but I’ll use it somewhere. So I think I kind of know how you feel.”

Francesca smiled at him then. For the first time, she smiled warm and deep. And the gambler's instincts took over. "Would you like to stay for supper? My family's away, so I don't have too much on hand, but I can figure out something."

"Well, I get pretty tired of grocery stores and restaurants. That's for sure. So if it's not too much bother, I'd like that."

"You like pork chops? I could fix that with some vegetables from the garden."

"Just the vegetables would be fine for me. I don't eat meat. Haven't for years. No big deal, I just feel better that way."

Francesca smiled again. "Around here that point of view would not be popular. Richard and his friends would say you're trying to destroy their livelihood. I don't eat much meat myself; I'm not sure why, I just don't care for it. But every time I try a meatless supper on the family, there are howls of rebellion. So I've pretty much given up trying. It'll be fun figuring out something different for a change."

"Okay, but don't go to a lot of trouble on my account. Listen, I've got a bunch of film in my cooler. I need to dump out the melted ice water and organize things a bit. It'll take me a little while." He stood up and drank the last of his tea.

She watched him go through the kitchen doorway, across the porch, and into the yard. He didn't let the screen door bang like everyone else did but instead shut it gently. Just before he went out, he squatted down to pet the collie, who acknowledged the attention with several sloppy licks along his arms.

Upstairs, Francesca ran a quick bath and, while drying off, peered over the top of the cafe curtain toward the farmyard. His suitcase was open, and he was washing himself, using the old hand pump. She should have told him he could shower in the house if he wanted. She had meant to, balked for a moment at the level of familiarity that implied to her, and then, floating around in her own confusion, forgot to say anything.

But Robert Kincaid had washed up under worse conditions. Out of buckets of rancid water in tiger country, out of his canteen in the desert. In her farmyard, he had stripped to the waist and was using his dirty shirt as a combination washcloth and towel. “A towel,” she scolded herself. “At least a towel; I could have done that for him.”

His razor caught the sunlight, where it lay on cement beside the pump, and she watched him soap his face and shave. He was—There’s the word again, she thought—hard. He wasn’t big-bodied, a little over six feet, a little toward thin. But he had large shoulder muscles for his size, and his belly was flat as a knife blade. He didn’t look however old he was, and he didn’t look like the local men with too much gravy over biscuits in the morning.

During the last shopping trip to Des Moines, she had bought new perfume—Wind Song—and she used it now, sparingly. What to put on? It didn’t seem right for her to dress up too much, since he was still in his working clothes. Long-sleeved white shirt, sleeves rolled to just below the elbows, a clean pair of jeans, sandals. The gold hoop earrings Richard said made her look like a hussy and a gold bracelet. Hair pulled back with a clip, hanging down her back. That felt right.

When she came into the kitchen, he was sitting there with his knapsacks and cooler, wearing a clean khaki shirt, with the orange suspenders running over it. On the table were three cameras and five lenses, and a fresh package of Camels. The cameras all said "Nikon" on them. So did the black lenses, short ones and middling ones and a longer one. The equipment was scratched, dented in places. But he handled it carefully, yet casually, wiping and brushing and blowing.

He looked up at her, serious face again, shy face. "I have some beer in the cooler. Like one?"

"Yes, that would be nice."

He took out two bottles of Budweiser. When he lifted the lid, she could see clear plastic boxes with film stacked like cordwood in them. There were four more bottles of beer besides the two he removed.

Francesca slid open a drawer to look for an opener. But he said, "I've got it." He took the Swiss Army knife from its case on his belt and flicked out the bottle opener on it, using it expertly.

He handed her a bottle and raised his in a half salute: "To covered bridges in the late afternoon or, better yet, on warm, red mornings." He grinned.

Francesca said nothing but smiled softly and raised her bottle a little, hesitantly, awkwardly. A strange stranger, flowers, perfume, beer, and a toast on a hot Monday in late summer. It was almost more than she could deal with.

"There was somebody a long time ago who was thirsty on an August afternoon. Whoever it was studied their thirst, rigged up some stuff, and invented beer. That's where it came from, and a problem was solved." He was working on a camera, almost talking to it as he tightened a screw on its top with a jeweler's screwdriver.

"I'm going out to the garden for a minute. I'll be right back."

He looked up. "Need help?"

She shook her head and walked past him, feeling his eyes on her hips, wondering if he watched her all the way across the porch, guessing that he did.

She was right. He watched her. Shook his head and looked again. Watched her body, thought of the intelligence he knew she possessed, wondered about the other things he sensed in her. He was drawn to her, fighting it back.

The garden was in shade now. Francesca moved through it with a dishpan done in cracked white enamel. She gathered carrots and parsley, some parsnips and onions and turnips.

When she entered the kitchen, Robert Kincaid was repacking the knapsacks, neatly and precisely, she noticed. Everything obviously had its place and always was placed in its place. He had finished his beer and opened two more, even though she was not quite done with hers. She tilted back her head and finished the first one, handing him the empty bottle.

"Can I do something?" he asked.

"You can bring in the watermelon from the porch and a few potatoes from the bucket out there."

He moved so easily that she was amazed at how quickly he went to the porch and returned, melon under his arm, four potatoes in his hands. "Enough?"

She nodded, thinking how ghostlike he seemed. He set them on the counter beside the sink where she was cleaning the garden vegetables and returned to his chair, lighting a Camel as he sat down.

"How long will you be here?" she asked, looking down at the vegetables she was working on.

"I'm not sure. This is a slow time for me, and my deadline for the bridge pictures is still three weeks away. As long as it takes to get it right, I guess. Probably about a week."

"Where are you staying? In town?"

"Yes. A little place with cabins. Something-or-other Motor Court. I just checked in this morning. Haven't even unloaded my gear yet."

"That's the only place to stay, except for Mrs. Carlson's; she takes in roomers. The restaurants will be a disappointment, though, particularly for someone with your eating habits."

"I know. It's an old story. But I've learned to make do. This time of year it's not so bad; I can find fresh produce in the stores and at stands along the road. Bread and a few other things, and I make it work, approximately. It's nice to be invited out like this, though. I appreciate it."

She reached along the counter and flipped on a small radio, one with only two dials and tan cloth covering the speakers. "With time in my pocket, and the weather on my side ..." a voice sang, guitars chunking along underneath. She kept the volume low.

"I'm pretty good at chopping vegetables," he offered.

"Okay, there's the cutting board, a knife's in the drawer right below it. I'm going to fix a stew, so kind of cube the vegetables."

He stood two feet from her, looking down, cutting and chopping the carrots and turnips, parsnips and onions. Francesca peeled potatoes into the sink, aware of being so close to a strange man. She had never thought of peeling potatoes as having little slanting feelings connected with it.

"You play the guitar? I saw the case in your truck."

"A little bit. It keeps me company, not too much more than that. My wife was an early folkie, way before the music became popular, and she got me going on it."

Francesca had stiffened slightly at the word *wife*. Why, she didn't know. He had a right to be married, but somehow it didn't fit him. She didn't want him to be married.

"She couldn't stand the long shoots when I'd be gone for months. I don't blame her. She pulled out nine years ago. Divorced me a year later. We never had children, so it wasn't complicated. Took one guitar, left the el cheapo with me."

"You hear from her?"

"No, never."

That was all he said. Francesca didn't push it. But she felt better, selfishly, and wondered again why she should care one way or the other.

"I've been to Italy, twice," he said. "Where you from, originally?"

"Naples."

"Never made it there. I was in the north once, doing some shooting along the River Po. Then again for a piece on Sicily."

Francesca peeled potatoes, thinking of Italy for a moment, conscious of Robert Kincaid beside her.

Clouds had moved up in the west, splitting the sun into rays that splayed in several directions. He looked out the window above the sink and said, "God light. Calendar companies love it. So do religious magazines."

"Your work sounds interesting," Francesca said. She felt a need to keep neutral conversation going.

"It is. I like it a lot. I like the road, and I like making pictures."

She noticed he'd said "making" pictures. "You make pictures, not take them?"

"Yes. At least that's how I think of it. That's the difference between Sunday snapshooters and someone who does it for a living. When I'm finished with that bridge we saw today, it won't look quite like you expect. I'll have made it into something of my own, by lens choice, or camera angle, or general composition, and most likely by some combination of all of those.

"I don't just take things as given; I try to make them into something that reflects my personal consciousness, my spirit. I try to find the poetry in the image. The magazine has its own style and demands, and I don't always agree with the editor's taste; in fact, most of the time I don't. And that bothers them, even though they decide what goes in and what gets left out. I guess they know their readership, but I wish they'd take a few more chances now and then. I tell them that, and it bothers them.

"That's the problem in earning a living through an art form. You're always dealing with markets, and markets—mass markets—are designed to suit average tastes. That's where the numbers are. That's the reality, I guess. But, as I said, it can become pretty confining. They let me keep the shots they don't use, so at least I have my own private files of stuff I like.

"And, once in a while, another magazine will take one or two, or I can write an article on a place I've been and illustrate it with something a little more daring than *National Geographic* prefers.

"Sometime I'm going to do an essay called 'The Virtues of Amateurism' for all of those people who wish they earned their living in the arts. The market kills more artistic passion than anything else. It's a world of safety out there, for most people. They want safety, the magazines and manufacturers give them safety, give them homogeneity, give them the familiar and comfortable, don't challenge them.

"Profit and subscriptions and the rest of that stuff dominate art. We're all getting lashed to the great wheel of uniformity.

"The marketing people are always talking about something called 'consumers.' I have this image of a fat little man in baggy Bermuda shorts, a Hawaiian shirt, and a straw hat with beer-can openers dangling from it, clutching fistfuls of dollars."

Francesca laughed quietly, thinking about safety and comfort.

"But I'm not complaining too much. Like I said, the traveling is good, and I like fooling with cameras and being out of doors. The reality is not exactly what the song started out to be, but it's not a bad song."

Francesca supposed that, for Robert Kincaid, this was everyday talk. For her, it was the stuff of literature. People in Madison County didn't talk this way, about these things. The talk was about weather and farm prices and new babies and funerals and government programs and athletic teams. Not about art and dreams. Not about realities that kept the music silent, the dreams in a box.

He finished chopping vegetables. "Anything else I can do?"

She shook her head. "No, it's about under control."

He sat at the table again, smoking, taking a drink of beer now and then. She cooked, sipping on her beer between tasks. She could feel the alcohol, even this small amount of it. On New Year's Eve, at the Legion Hall, she and Richard would have some drinks. Other than that, not much, and there seldom was liquor in the house, except for a bottle of brandy she had bought once in some vague spasm of hope for romance in their country lives. The bottle was still unopened.

Vegetable oil, one and one-half cups of vegetables. Cook until light brown. Add flour and mix well. Add water, a pint of it. Add remaining vegetables and seasonings. Cook slowly, about forty minutes.

With the cooking under way, Francesca sat across from him once again. Modest intimacy descended upon the kitchen. It came, somehow, from the cooking. Fixing supper for a stranger, with him chopping turnips and, therefore, distance, beside you, removed some of the strangeness. And with the loss of strangeness, there was space for intimacy.

He pushed the cigarettes toward her, the lighter on top of the package. She shook one out, fumbled with the lighter, felt clumsy. It wouldn't catch. He smiled a little, carefully took the lighter from her hand, and flipped the flint wheel twice before it caught. He held it, she lit her cigarette. Around men she usually felt graceful in comparison to them. Not around Robert Kincaid, though.

A white sun had turned big red and lay just over the corn fields. Through the kitchen window she could see a hawk riding the early evening updrafts. The seven o'clock news and market summary were on the radio. And Francesca looked across the yellow Formica toward Robert Kincaid, who had come a long way to her kitchen. A long way, across more than miles.

"It already smells good," he said, pointing toward the stove. "It smells ... quiet." He looked at her.

"Quiet? Could something smell quiet?" She was thinking about the phrase, asking herself. He was right. After the pork chops and steaks and roasts she cooked for the family, this was quiet cooking. No violence involved anywhere down the food chain, except maybe for pulling up the vegetables. The stew cooked quietly and smelled quiet. It was quiet here in the kitchen.

"If you don't mind, tell me a little about your life in Italy." He was stretched out on the chair, his right leg crossed over his left at the ankles.

Silence bothered her around him, so she talked. Told him about her growing years, the private school, the nuns, her parents—housewife, bank manager. About standing along the sea wall as a teenager and watching ships from all over the world. About the American soldiers that came later. About meeting Richard in a cafe where she and some girlfriends were drinking coffee. The war had disrupted lives, and they wondered if they would ever get married. She was silent about Niccolo.

He listened, saying nothing, nodding in understanding occasionally. When she finally paused, he said, "And you have children, did you say?"

"Yes. Michael is seventeen. Carolyn is sixteen. They both go to school in Winterset. They're in 4-H; that's why they're at the Illinois State Fair. Showing Carolyn's steer.

"Something I've never been able to adapt to, to understand, is how they can lavish such love and care on the animals and then see them sold for slaughter. I don't dare say anything about it, though. Richard and his friends would be down on me in a flash. But there's some kind of cold, unfeeling contradiction in that business."

She felt guilty mentioning Richard's name. She hadn't done anything, anything at all. Yet she could feel guilt, a guilt born of distant possibilities. And she wondered how to manage the end of the evening and if she had gotten herself into something she couldn't handle. Maybe Robert Kincaid would just leave. He seemed pretty quiet, nice enough, even a little bashful.

As they talked on, the evening turned blue, light fog brushing the meadow grass. He opened two more beers for them while Francesca's stew cooked, quietly. She rose and dropped dumplings into boiling water, turned, and leaned against the sink, feeling warm toward Robert Kincaid from Bellingham, Washington. Hoping he wouldn't leave too early.

He ate two helpings of the stew with quiet good manners and told her twice how fine it was. The watermelon was perfect. The beer was cold. The evening was blue. Francesca Johnson was forty-five years old, and Hank Snow sang a train song on KMA, Shenandoah, Iowa.

Ancient Evenings, Distant Music

Now what? thought Francesca. Supper over, sitting there.

He took care of it. "How about a walk out in the meadow? It's cooling down a little." When she said yes, he reached into a knapsack and pulled out a camera, draping the strap over his shoulder.

Kincaid pushed open the back porch door and held it for her, followed her out, then shut it gently. They went down the cracked sidewalk, across the graveled farmyard, and onto the grass east of the machine shed. The shed smelled like warm grease.

When they came to the fence, she held down the barbed wire with one hand and stepped over it, feeling the dew on her feet around the thin sandal straps. He executed the same maneuver, easily swinging his boots over the wire.

"Do you call this a meadow or a pasture?" he asked.

"Pasture, I guess. The cattle keep the grass short. Watch out for their leavings." A moon nearly full was coming up the eastern sky, which had turned azure with the sun just under the horizon. On the road below, a car rocketed past, loud muffler. The Clark boy. Quarterback on the Winterset team. Dated Judy Leverenson.

It had been a long time since she had taken a walk like this. After supper, which was always at five, there was the television news, then the evening programs, watched by Richard and sometimes by the children when they had finished their homework. Francesca usually read in the kitchen—books from the Winterset library and the book club she belonged to, history and poetry and fiction—or sat on the front porch in good weather. The television bored her.

When Richard would call, "Frannie, you've got to see this!" she'd go in and sit with him for a while. Elvis always generated such a summons. So did the Beatles when they first appeared on *The Ed Sullivan Show*. Richard looked at their hair and kept shaking his head in disbelief and disapproval.

For a short time, red streaks cut across part of the sky. "I call that 'bounce,' " Robert Kincaid said, pointing upward. "Most people put their cameras away too soon. After the sun goes down, there's often a period of really nice light and color in the sky, just for a few minutes, when the sun is below the horizon but bounces its light off the sky."

Francesca said nothing, wondering about a man to whom the difference between a pasture and a meadow seemed important, who got excited about sky color, who wrote a little poetry but not much fiction. Who played the guitar, who earned his living by images and carried his tools in knapsacks. Who seemed like the wind. And moved like it. Came from it, perhaps.

He looked upward, hands in his Levi's pockets, camera hanging against his left hip. “The silver apples of the moon / The golden apples of the sun.” His midrange baritone said the words like that of a professional actor.

She looked over at him. “W. B. Yeats, ‘The Song of Wandering Ængus.’ ”

“Right. Good stuff, Yeats. Realism, economy, sensuousness, beauty, magic. Appeals to my Irish heritage.”

He had said it all, right there in five words. Francesca had labored to explain Yeats to the Winterset students but never got through to most of them. She had picked Yeats partly because of what Kincaid had just said, thinking all of those qualities would appeal to teenagers whose glands were pounding like the high school marching band at football halftimes. But the bias against poetry they had picked up, the view of it as a product of unsteady masculinity, was too much even for Yeats to overcome.

She remembered Matthew Clark looking at the boy beside him and then forming his hands as if to cup them over a woman’s breasts when she read, “The golden apples of the sun.” They had snickered, and the girls in the back row with them blushed.

They would live with those attitudes all their lives. That’s what had discouraged her, knowing that, and she felt compromised and alone, in spite of the outward friendliness of the community. Poets were not welcome here. The people of Madison County liked to say, compensating for their own self-imposed sense of cultural inferiority, “This is a good place to raise kids.” And she always felt like responding, "But is it a good place to raise adults?"

Without any conscious plan, they had walked slowly into the pasture a few hundred yards, made a loop, and were headed back toward the house. Darkness came about them as they crossed the fence, with him pushing down the wire for her this time.

She remembered the brandy. "I have some brandy. Or would you like some coffee?"

"Is the possibility of both open?" His words came out of the darkness. She knew he was smiling.

As they came into the circle inscribed on grass and gravel by the yard light, she answered, "Of course," hearing the sound of something in her voice that worried her. It was the sound of easy laughter in the cafes of Naples.

It was difficult finding two cups without some kind of chip on them. Though she was sure that chipped cups were part of his life, she wanted perfect ones this time. The brandy glasses, two of them back in the cupboard, turned upside down, had never been used, like the brandy. She had to stretch on her tiptoes to reach them and was aware of her wet sandals and the jeans stretched tight across her bottom.

He sat on the same chair he had used before and watched her. The old ways. The old ways coming into him again. He wondered how her hair would feel to his touch, how the curve of her back would fit his hand, how she would feel underneath him.

The old ways struggling against all that is learned, struggling against the propriety drummed in by centuries of culture, the hard rules of civilized man. He tried to think of something else, photography or the road or covered bridges. Anything but how she looked just now.

But he failed and wondered again how it would feel to touch her skin, to put his belly against hers. The questions eternal, and always the same. The goddamned old ways, fighting toward the surface. He pounded them back, pushed them down, lit a Camel, and breathed deeply.

She could feel his eyes on her constantly, though his watching was circumspect, never obvious, never intrusive. She knew that he knew brandy had never been poured into those glasses. And with his Irishman's sense of the tragic, she also knew he felt something about such emptiness. Not pity. That was not what he was about. Sadness, maybe. She could almost hear his mind forming the words:

the bottle unopened,
and glasses empty,
she reached to find them,
somewhere north of Middle River,
in Iowa.
I watched her with eyes
that had seen a Jivaro's Amazon
and the Silk Road
with caravan dust
climbing behind me,
reaching into unused

spaces of Asian sky.

As Francesca stripped the Iowa liquor seal from the top of the brandy bottle, she looked at her fingernails and wished they were longer and better cared for. Farm life did not permit long fingernails. Until now it hadn't mattered.

Brandy, two glasses, on the table. While she arranged the coffee, he opened the bottle and poured just the right amount into each glass. Robert Kincaid had dealt with after-dinner brandy before.

She wondered in how many kitchens, how many good restaurants, how many living rooms with subdued light he had practiced that small trade. How many sets of long fingernails had he watched delicately pointing toward him from the stems of brandy glasses, how many pairs of blue-round and brown-oval eyes had looked at him through foreign evenings, while anchored sailboats rocked offshore and water slapped against the quays of ancient ports?

The overhead kitchen light was too bright for coffee and brandy. Francesca Johnson, Richard Johnson's wife, would leave it on. Francesca Johnson, a woman walking through after-supper grass and leafing through girlhood dreams, would turn it off. A candle was in order, but that would be too much. He might get the wrong idea. She put on the small light over the kitchen sink and turned off the overhead. It was still not perfect, but it was better.

He raised his glass to shoulder level and moved it toward her. "To ancient evenings and distant music." For some reason those words made her take a short, quick breath. But she touched her glass to his, and even though she wanted to say, "To ancient evenings and distant music," she only smiled a little.

They both smoked, saying nothing, drinking brandy, drinking coffee. A pheasant called from the fields. Jack, the collie, barked twice out in the yard. Mosquitoes tested the window screen near the table, and a single moth, circuitous of thought yet sure of instinct, was goaded by the sink light's possibilities.

It was still hot, no breeze, some humidity now. Robert Kincaid was perspiring mildly, his top two shirt buttons undone. He was not looking at her directly, though she sensed his peripheral vision could find her, even as he seemed to stare out the window. In the way he was turned, she could see the top of his chest through the open buttons of his shirt and small beads of moisture lying there upon his skin.

Francesca was feeling good feelings, old feelings, poetry and music feelings. Still, it was time for him to go, she thought. Nine fifty-two on the clock above the refrigerator. Faron Young on the radio. Tune from a few years back: "The Shrine of St. Cecilia." Roman martyr of the third century A. D., Francesca remembered that. Patron saint of music and the blind.

His glass was empty. Just as he swung around from looking out the window, Francesca picked up the brandy bottle by the neck and gestured with it toward the empty glass. He shook his head. "Roseman Bridge at dawn. I'd better get going."

She was relieved. But she sank in disappointment. She turned around inside of herself. Yes, please leave. Have some more brandy. Stay. Go. Faron Young didn't care about her feelings. Neither did the moth above the sink. She didn't know for sure what Robert Kincaid thought.

He stood, swung one knapsack onto his left shoulder, put the other on top of his cooler. She came around the table. His hand moved toward her, and she took it. "Thanks for the evening, the supper, the walk. They were all nice. You're a good person, Francesca. Keep the brandy toward the front of the cupboard; maybe it'll work out after a while."

He had known, just as she thought. But she wasn't offended by his words. He was talking about romance, and he meant it in the best possible way. She could tell by the softness of his language, the way he said the words. What she didn't know was that he wanted to shout at the kitchen walls, bas-reliefing his words in the plaster: "For Christ's sake, Richard Johnson, are you as big a fool as I think you must be?"

She followed him out to his truck and stood by while he put his gear into it. The collie came across the yard, sniffing around the truck. "Jack, come here," she whispered sharply, and the dog moved to sit by her, panting.

"Good-bye. Take care," he said, stopping by the truck door to look at her for a moment, straight at her. Then, in one motion, he was behind the wheel and shutting the door after him. He turned the old engine over, stomped at the accelerator, and it rattled into a start. He leaned out the window, grinning, "Tune-up required, I think."

He clutched it, backed up, shifted again, and headed across the yard under the light. Just before he reached the darkness of the lane, his left hand came out of the window and waved back at her. She waved, too, even though she knew he couldn't see it.

As the truck moved down the lane, she jogged over and stood in shadow, watching the red lights rising and falling with the bumps. Robert Kincaid turned left on the main road toward Winterset, while heat lightning cut the summer sky and Jack slumbered toward the back porch.

After he left, Francesca stood before the bureau mirror, naked. Her hips flared only a little from the children, her breasts were still nice and firm, not too large, not too small, belly slightly rounded. She couldn't see her legs in the mirror, but she knew they were still good. She should shave more often, but there didn't seem much point to it.

Richard was interested in sex only occasionally, every couple of months, but it was over fast, rudimentary and unmoving, and he didn't seem to care much about perfume or shaving or any of that. It was easy to get a little sloppy.

She was more of a business partner to him than anything else. Some of her appreciated that. But rustling yet within her was another person who wanted to bathe and perfume herself ... and be taken, carried away, and peeled back by a force she could sense, but never articulate, even dimly within her mind.

She dressed again and sat at the kitchen table writing on half a sheet of plain paper. Jack followed her out to the Ford pickup and jumped in when she opened the door. He went to the passenger side and stuck his head out the window as she backed the truck out of the shed, looking over at her, then out the window again as she drove down the lane and turned right onto the county road.

Roseman Bridge was dark. But Jack loped on ahead, checking things out while she carried a flashlight from the truck. She tacked the note on the left side of the entrance to the bridge and went home.

The Bridges of Tuesday

Robert Kincaid drove past Richard Johnson's mailbox an hour before dawn, alternately chewing on a Milky Way and taking bites from an apple, squeezing the coffee cup on the seat between his thighs to keep it from tipping over. He looked up at the white house standing in thin, late moonlight as he passed and shook his head at the stupidity of men, some men, most men. They could at least drink the brandy and not bang the screen door on their way out.

Francesca heard the out-of-tune pickup go by. She lay there in bed, having slept naked for the first time as far back as she could remember. She could imagine Kincaid, hair blowing in the wind curling through the truck window, one hand on the wheel, the other holding a Camel.

She listened as the sound of his wheels faded toward Roseman Bridge. And she began to roll words over in her mind from the Yeats poem: "I went out to the hazel wood, because a fire was in my head. ..." Her rendering of it fell somewhere between that of teacher and supplicant.

He parked the truck well back from the bridge so it wouldn't interfere with his compositions. From the small space behind the seat, he took a knee-high pair of rubber boots, sitting on the running board to unlace his leather ones and pull on the others. One knapsack with straps over both shoulders, tripod slung over his left shoulder by its leather strap, the other knapsack in his right hand, he worked his way down the steep bank toward the stream.

The trick would be to put the bridge at an angle for some compositional tension, get a little of the stream at the same time, and miss the graffiti on the walls near the entrance. The telephone wires in the background were a problem, too, but that could be handled through careful framing.

He took out the Nikon loaded with Kodachrome and screwed it onto the heavy tripod. The camera had the 24-millimeter lens on it, and he replaced that with his favorite 105-millimeter. Gray light in the east now, and he began to experiment with his composition. Move tripod two feet left, readjust legs sticking in muddy ground by the stream. He kept the camera strap wound over his left wrist, a practice he always followed when working around water. He'd seen too many cameras go into the water when tripods tipped over.

Red color coming up, sky brightening. Lower camera six inches, adjust tripod legs. Still not there. A foot more to the left. Adjust legs again. Level camera on tripod head. Set lens to f/8. Estimate depth of field, maximize it via hyperfocal technique. Screw in cable release on shutter button. Sun 40 percent above the horizon, old paint on the bridge turning a warm red, just what he wanted.

Light meter out of left breast pocket. Check it at f/8. One-second exposure, but the Kodachrome would hold well for that extreme. Look through the viewfinder. Fine-tune leveling of camera. He pushed the plunger of the shutter release and waited for a second to pass.

Just as he fired the shutter, something caught his eye. He looked through the viewfinder again. "What the hell is hanging by the entrance to the bridge?" he muttered. "A piece of paper. Wasn't there yesterday."

Tripod steady. Run up the bank with sun coming fast behind him. Paper neatly tacked to bridge. Pull it off, put tack and paper in vest pocket. Back toward the bank, down it, behind the camera. Sun 60 percent up.

Breathing hard from the sprint. Shoot again. Repeat twice for duplicates. No wind, grass still. Shoot three at two seconds and three at one-half second for insurance.

Click lens to f/16 setting. Repeat entire process. Carry tripod and camera to the middle of the stream. Get set up, silt from footsteps moving away behind. Shoot entire sequence again. New roll of Kodachrome. Switch lenses. Lock on the 24-millimeter, jam the 105 into a pocket. Move closer to the bridge, wading upstream. Adjust, level, light check, fire three, and bracket shots for insurance.

Flip the camera to vertical, recompose. Shoot again. Same sequence, methodical. There never was anything clumsy about his movements. All were practiced, all had a reason, the contingencies were covered, efficiently and professionally.

Up the bank, through the bridge, running with the equipment, racing the sun. Now the tough one. Grab second camera with faster film, sling both cameras around neck, climb tree behind bridge. Scrape arm on bark—"Dammit!"— keep climbing. High up now, looking down on the bridge at an angle with the stream catching sunlight.

Use spot meter to isolate bridge roof, then shady side of bridge. Take reading off water. Set camera for compromise. Shoot nine shots, bracketing, camera resting on vest wedged into tree crotch. Switch cameras. Faster film. Shoot a dozen more shots.

Down the tree. Down the bank. Set up tripod, reload Kodachrome, shoot composition similar to the first series only from the opposite side of the stream. Pull third camera out of bag. The old SP, rangefinder camera. Black-and-white work now. Light on bridge changing second by second.

After twenty intense minutes of the kind understood only by soldiers, surgeons, and photographers, Robert Kincaid swung his knapsacks into the truck and headed back down the road he had come along before. It was fifteen minutes to Hogback Bridge northwest of town, and he might just get some shots there if he hurried.

Dust flying, Camel lit, truck bouncing, past the white frame house facing north, past Richard Johnson's mailbox. No sign of her. What did you expect? She's married, doing okay. You're doing okay. Who needs those kinds of complications? Nice evening, nice supper, nice woman. Leave it at that. God, she's lovely, though, and there's something about her. Something. I have trouble taking my eyes away from her.

Francesca was in the barn doing chores when he barreled past her place. Noise from the livestock cloaked any sound from the road. And

Robert Kincaid headed for Hogback Bridge, racing the years, chasing the light.

Things went well at the second bridge. It sat in a valley and still had mist rising around it when he arrived. The 300-millimeter lens gave him a big sun in the upper-left part of his frame, with the rest taking in the winding white rock road toward the bridge and the bridge itself.

Then into his viewfinder came a farmer driving a team of light brown Belgians pulling a wagon along the white road. One of the last of the oldstyle boys, Kincaid thought, grinning. He knew when the good ones came by and could already see what the final print would look like as he worked. On the vertical shots he left some light sky where a title could go.

When he folded up his tripod at eight thirty-five, he felt good. The morning's work had some keepers. Bucolic, conservative stuff, but nice and solid. The one with the farmer and horses might even be a cover shot; that's why he had left the space at the top of the frame, room for type, for a logo. Editors liked that kind of thoughtful craftsmanship. That's why Robert Kincaid got assignments.

He had shot all or part of seven rolls of film, emptied the three cameras, and reached into the lower-left pocket of his vest to get the other four. "Damn!" The thumbtack pricked his index finger. He had forgotten about dropping it in the pocket when he'd removed the piece of paper from Roseman Bridge. In fact, he had forgotten about the piece of paper. He fished it out, opened it, and read: "If you'd like supper again when ‘white moths are on the wing,’ come by tonight after you’re finished. Anytime is fine.”

He couldn’t help smiling a little, imagining Francesca Johnson with her note and thumbtack driving through the darkness to the bridge. In five minutes he was back in town. While the Texaco man filled the tank and checked the oil (“Down half a quart”), Kincaid used the pay telephone at the station. The thin phone book was grimy from being thumbed by filling station hands. There were two listings under “R. Johnson,” but one had a town address.

He dialed the rural number and waited. Francesca was feeding the dog on the back porch when the phone rang in the kitchen. She caught it at the front of the second ring: “Johnson’s.”

“Hi, this is Robert Kincaid.”

Her insides jumped again, just as they had yesterday. A little stab of something that started in her chest and plunged to her stomach.

“Got your note. W. B. Yeats as a messenger and all that. I accept the invitation, but it might be late. The weather’s pretty good, so I’m planning on shooting the—let’s see, what’s it called?—the Cedar Bridge ... this evening. It could be after nine before I’m finished. Then I’ll want to clean up a bit. So I might not be there until nine-thirty or ten. Is that all right?”

No, it wasn’t all right. She didn’t want to wait that long, but she only said, “Oh, sure. Get your work done; that’s what’s important. I’ll fix something that’ll be easy to warm up when you get here.”

Then he added, “If you want to come along while I’m shooting, that's fine. It won't bother me. I could stop by for you about five-thirty."

Francesca's mind worked the problem. She wanted to go with him. But what if someone saw her? What could she say to Richard if he found out?

Cedar Bridge sat fifty yards upstream from and parallel to the new road and its concrete bridge. She wouldn't be too noticeable. Or would she? In less than two seconds, she decided. "Yes, I'd like that. But I'll drive my pickup and meet you there. What time?"

"About six. I'll see you then. Okay? 'Bye."

He spent the rest of the day at the local newspaper office looking through old editions. It was a pretty town, with a nice courthouse square, and he sat there on a bench in the shade at lunch with a small sack of fruit and some bread, along with a Coke from a cafe across the street.

When he had walked in the cafe and asked for a Coke to take out, it was a little after noon. Like an old Wild West saloon when the regional gunfighter appeared, the busy conversation had stopped for a moment while they all looked him over. He hated that, felt self-conscious; but it was the standard procedure in small towns. Someone new! Someone different! Who is he? What's he doing here?

"Somebody said he's a photographer. Said they saw him out by Hogback Bridge this morning with all sorts of cameras."

"Sign on his truck says he's from Washington, out west."

"Been over to the newspaper office all morning. Jim says he's looking through the papers for information on the covered bridges."

"Yeah, young Fischer at the Texaco said he stopped in yesterday and asked directions to all the covered bridges."

"What's he wanna know about them for, anyway?"

"And why in the world would anybody wanna take pictures of 'em? They're just all fallin' down in bad shape."

"Sure does have long hair. Looks like one of them Beatle fellows, or what is it they been callin' some of them other people? Hippies, ain't that it?" That brought laughter in the back booth and to the table next to it.

Kincaid got his Coke and left, the eyes still on him as he went out the door. Maybe he'd made a mistake in inviting Francesca, for her sake, not his. If someone saw her at Cedar Bridge, word would hit the cafe next morning at breakfast, relayed by young Fischer at the Texaco station after taking a handoff from the passerby. Probably quicker than that.

He'd learned never to underestimate the telecommunicative flash of trivial news in small towns. Two million children could be dying of hunger in the Sudan, and that wouldn't cause a bump in consciousness. But Richard Johnson's wife seen with a long-haired stranger—now that was news! News to be passed around, news to be chewed on, news that created a vague carnal lapping in the minds of those who heard it, the only such ripple they'd feel that year.

He finished his lunch and walked over to the public phone on the parking of the courthouse. Dialed her number. She answered, slightly breathless, on the third ring. "Hi, it's Robert Kincaid again."

Her stomach tightened instantly as she thought, He can't come; he's called to say that.

"Let me be direct. If it's a problem for you to come out with me tonight, given the curiosity of small-town people, don't feel pressured to do it. Frankly, I could care less what they think of me around here, and one way or the other, I'll come by later. What I'm trying to say is that I might have made an error in inviting you, so don't feel compelled in any way to do it. Though I'd love to have you along."

She'd been thinking about just that since they'd talked earlier. But she had decided. "No, I'd like to see you do your work. I'm not worried about talk." She was worried, but something in her had taken hold, something to do with risk. Whatever the cost, she was going out to Cedar Bridge.

"Great. Just thought I'd check. See you later."

"Okay." He was sensitive, but she already knew that.

At four o'clock he stopped by his motel and did some laundry in the sink, put on a clean shirt, and tossed a second one in the truck, along with a pair of khaki slacks and brown sandals he'd picked up in India in 1962 while doing a story on the baby railroad up to Darjeeling. At a tavern he purchased two six-packs of Budweiser. Eight of the bottles, all that would fit, he arranged around his film in the cooler.

Hot, real hot again. The late afternoon sun in Iowa piled itself on top of its earlier damage, which had been absorbed by cement and brick and earth. It fairly blistered down out of the west.

The tavern had been dark and passably cool, with the front door open and big fans on the ceiling and one on a stand by the door whirring at about a hundred and five decibels. Somehow, though, the noise of the fans, the smell of stale beer and smoke, the blare of the jukebox, and the semihostile faces staring at him from along the bar made it seem hotter than it really was.

Out on the road the sunlight almost hurt, and he thought about the Cascades and fir trees and breezes along the Strait of San Juan de Fuca, near Kydaka Point.

Francesca Johnson looked cool, though. She was leaning against the fender of her Ford pickup where she had parked it behind some trees near the bridge. She had on the same jeans that fit her so well, sandals, and a white cotton T-shirt that did nice things for her body. He waved as he pulled up next to her truck.

"Hi. Nice to see you. Pretty hot," he said. Innocuous talk, around-the-edges-of-things talk. That old uneasiness again, just being in the presence of a woman for whom he felt something. He never knew quite what to say, unless the talk was serious. Even though his sense of humor was well developed, if a little bizarre, he had a fundamentally serious mind and took things seriously. His mother had always said he was an adult at four years of age. That served him well as a professional. To his way of thinking, though, it did not serve him well around women such as Francesca Johnson.

"I wanted to watch you make your pictures. 'Shoot,' as you call it."

"Well, you're about to see it, and you'll find it pretty boring.

At least other people generally do. It's not like listening to someone practice the piano, where you can be part of it. In photography, production and perfor mance are separated by a long time span. Today I'm doing production. When the pictures appear somewhere, that's the performance. All you're going to see is a lot of fiddling around. But you're more than welcome. In fact, I'm glad you came."

She hung on those last four words. He needn't have said them. He could have stopped with "welcome," but he didn't. He was genuinely glad to see her; that was clear. She hoped the fact she was here implied something of the same to him.

"Can I help you in some way?" she asked as he pulled on his rubber boots.

"You can carry that blue knapsack. I'll take the tan one and the tripod."

So Francesca became a photographer's assistant. He had been wrong. There was much to see. There was a performance of sorts, though he was not aware of it. It was what she had noticed yesterday and part of what drew her toward him. His grace, his quick eyes, the muscles along his forearms working. Mostly the way he moved his body. The men she knew seemed cumbrous compared to him.

It wasn't that he hurried. In fact, he didn't hurry at all. There was a gazellelike quality about him, though she could tell he was strong in a supple way. Maybe he was more like a leopard than a gazelle. Yes. Leopard, that was it. He was not prey. Quite the reverse, she sensed.

"Francesca, give me the camera with the blue strap, please."

She opened the knapsack, feeling a little overcautious about the expensive equipment he handled so casually, and took out the camera. It said "Nikon" on the chrome plating of the viewfinder, with an "F" to the upper left of the name.

He was on his knees northeast of the bridge, with the tripod low. He held out his left hand without taking his eye from the viewfinder, and she gave him the camera, watching his hand close about the lens as he felt it touch him. He worked the plunger on the end of the cord she had seen hanging out of his vest yesterday. The shutter fired. He cocked the shutter and fired again.

He reached under the tripod head and unscrewed the camera on it, which was replaced by the one she had given him. While he fastened on the new one, he turned his head toward her and grinned. "Thanks, you're a first-class assistant." She flushed a little.

God, what was it about him! He was like some star creature who had drafted in on the tail of a comet and dropped off at the end of her lane. Why can't I just say "you're welcome"? she thought. I feel sort of slow around him, though it's nothing he does. It's me, not him. I'm just not used to being with people whose minds work as fast as his does.

He moved into the creek, then up the other bank. She went through the bridge with the blue knapsack and stood behind him, happy, strangely happy. There was energy here, a power of some kind in the way he worked. He didn't just wait for nature, he took it over in a gentle way, shaping it to his vision, making it fit what he saw in his mind.

He imposed his will on the scene, countering changes in light with different lenses, different films, a filter occasionally. He didn't just fight back, he dominated, using skill and intellect. Farmers also dominated the land with chemicals and bulldozers. But Robert Kincaid's way of changing nature was elastic and always left things in their original form when he finished.

She looked at the jeans pulling themselves tight around his thigh muscles as he knelt down. At the faded denim shirt sticking to his back, gray hair over the collar of it. At how he sat back on his haunches to adjust a piece of equipment, and for the first time in ever so long, she grew wet between her legs just watching someone. When she felt it, she looked up at the evening sky and breathed deeply, listening to him quietly curse a jammed filter that wouldn't unscrew from a lens.

He crossed the creek again back toward the trucks, sloshing along in his rubber boots. Francesca went into the covered bridge, and when she came out the other end, he was crouched and pointing a camera toward her. He fired, cocked the shutter, and fired a second and third time as she walked toward him along the road. She felt herself grin in mild embarrassment.

"Don't worry." He smiled. "I won't use those anywhere without your permission. I'm finished here. Think I'll stop by the motel and rinse off a bit before coming out."

"Well, you can if you want. But I can spare a towel or a shower or the pump or whatever," she said quietly, earnestly.

"Okay, you're on. Go ahead. I'll load the equipment in Harry—

that's my truck—and be right there."

She backed Richard's new Ford out of the trees and took it up on the main road away from the bridge, turned right, and headed toward Winterset, where she cut southwest toward home. The dust was too thick for her to see if he was following, though once, coming around a curve, she thought she could see his lights a mile back, rattling along in the truck he called Harry.

It must have been him, for she heard his truck coming up the lane just after she arrived. Jack barked at first but settled down right away, muttering to himself, "Same guy as last night; okay, I guess." Kincaid stopped for a moment to talk with him.

Francesca stepped out of the back porch door. "Shower?"

"That'd be great. Show me the way."

She took him upstairs to the bathroom she had insisted Richard put in when the children were growing up. That was one of the few demands on which she had stood firm. She liked long hot baths in the evening, and she wasn't going to deal with teenagers tromping around in her private spaces. Richard used the other bath, said he felt uncomfortable with all the feminine things in hers. "Too fussy," were his words.

The bath could be reached only through their bedroom. She opened the door to it and took out an assortment of towels and a washcloth from a cupboard under the sink. "Use anything you want." She smiled while biting her lower lip slightly.

"I might borrow some shampoo if you can spare it. Mine's at the motel."

"Sure. Take your pick." She set three different bottles on the counter, each partly used.

"Thanks." He tossed his fresh clothes on the bed, and Francesca noted the khakis, white shirt, and sandals. None of the local men wore sandals. A few of them from town had started wearing Bermuda shorts at the golf course, but not the farmers. And sandals ... never.

She went downstairs and heard the shower come on. He's naked now, she thought, and felt funny in her lower belly.

Earlier in the day, after he called, she had driven the forty miles into Des Moines and went to the state liquor store. She was not experienced in this and asked a clerk about a good wine. He didn't know any more than she did, which was nothing. So she looked through the rows of bottles until she came across a label that read "Valpolicella." She remembered that from a long time ago. Dry, Italian red wine. She bought two bottles and another decanter of brandy, feeling sensual and worldly.

Next she looked for a new summer dress from a shop down-town. She found one, light pink with thin straps. It scooped down in back, did the same in front rather dramatically so the tops of her breasts were exposed, and gathered around her waist with a narrow sash. And new white sandals, expensive ones, flat-heeled, with delicate handiwork on the straps.

In the afternoon she fixed stuffed peppers, filling them with a mixture of tomato sauce, brown rice, cheese, and chopped parsley. Then came a simple spinach salad, corn bread, and an applesauce soufflé for dessert. All of it, except the soufflé, went into the refrigerator.

She hurried to shorten her dress to knee length. The Des Moines Register had carried an article earlier in the summer saying that was the preferred length this year. She always had thought fashion and all it implied pretty weird, people behaving sheeplike in the service of European designers. But the length suited her, so that's where the hem went.

The wine was a problem. People around here kept it in the refrigerator, though in Italy they never had done that. Yet it was too warm just to let it sit on the counter. Then she remembered the spring house. It was about sixty degrees in there in the summer, so she put the wine along the wall.

The shower shut off upstairs just as the phone rang. It was Richard, calling from Illinois.

"Everything okay?"

"Yes."

"Carolyn's steer'll be judged on Wednesday. Some other things we want to see next day. Be home Friday, late."

"All right, have a good time and drive carefully."

"Frannie, you sure you're okay? Sound a little strange."

"No, I'm fine. Just hot. I'll be better after my bath."

"Okay. Say hello to Jack for me."

"Yes, I'll do that." She glanced at Jack sprawled on the cement of the back porch floor.

Robert Kincaid came down the stairs and into the kitchen. White button-down-collar shirt, sleeves rolled up to just above the elbow, light khaki slacks, brown sandals, silver bracelet, top two buttons of his shirt open, silver chain. His hair was still damp and brushed neatly, with a part in the middle. And she marveled at the sandals.

"I'll just take my field duds out to the truck and bring in the gear for a little cleaning."

"Go ahead. I'm going to take a bath."

"Want a beer with your bath?"

"If you have an extra one."

He brought in the cooler first, lifted out a beer for her, and opened it, while she found two tall glasses that would serve as mugs. When he went back to the truck for the cameras, she took her beer and went upstairs, noted that he had cleaned the tub, and then ran a high, warm bath for herself, settling in with her glass on the floor beside her while she shaved and soaped. He had been here just a few minutes before; she was lying where the water had run down his body, and she found that intensely erotic. Almost everything about Robert Kincaid had begun to seem erotic to her.

Something as simple as a cold glass of beer at bath time felt so elegant. Why didn't she and Richard live this way? Part of it, she knew, was the inertia of protracted custom. All marriages, all relationships, are susceptible to that. Custom brings predictability, and predictability carries its own comforts; she was aware of that, too.

And there was the farm. Like a demanding invalid, it needed

constant attention, even though the steady substitution of equipment for human labor had made much of the work less onerous than it had been in the past.

But there was something more going on here. Predictability is one thing, fear of change is something else. And Richard was afraid of change, any kind of change, in their marriage. Didn't want to talk about it in general. Didn't want to talk about sex in particular. Eroticism was, in some way, dangerous business, unseemly to his way of thinking.

But he wasn't alone and really wasn't to blame. What was the barrier to freedom that had been erected out here? Not just on their farm, but in the rural culture. Maybe urban culture, for that matter. Why the walls and the fences preventing open, natural relationships between men and women? Why the lack of intimacy, the absence of eroticism?

The women's magazines talked about these matters. And women were starting to have expectations about their allotted place in the grander scheme of things, as well as what transpired in the bedrooms of their lives. Men such as Richard—most men, she guessed—were threatened by these expectations. In a way, women were asking for men to be poets and driving, passionate lovers at the same time.

Women saw no contradiction in that. Men did. The locker rooms and stag parties and pool halls and segregated gatherings of their lives defined a certain set of male characteristics in which poetry, or anything of subtlety, had no place. Hence, if eroticism was a matter of subtlety, an art form of its own, which Francesca knew it to be, it had no place in the fabric of their lives. So the distracting and conveniently clever dance that held them apart went on, while women sighed and turned their faces to the wall in the nights of Madison County.

There was something in the mind of Robert Kincaid that understood all of this, implicitly. She was sure of that.

Walking into the bedroom, toweling off, she noted it was a little after ten. Still hot, but the bath had cooled her. From the closet she took the new dress.

She pulled her long black hair behind her and fastened it with a silver clasp. Silver earrings, large hooped ones, and a loose-fitting silver bracelet she also had bought in Des Moines that morning.

The Wind Song perfume again. A little lipstick on the high-cheekboned, Latin face, the shade of pink even lighter than the dress. Her tan from working outdoors in shorts and midriff tops accented the whole outfit. Her slim legs came out from under the hem looking just fine.

She turned first one way, then the other, looking at herself in the bureau mirror. That's about as good as I can do, she thought. And then, pleased, said half out loud, "It's pretty good, though."

Robert Kincaid was working on his second beer and repacking the cameras when she came into the kitchen. He looked up at her.

"Jesus," he said softly. All of the feelings, all of the searching and reflecting, a lifetime of feeling and searching and reflecting, came together at that moment. And he fell in love with Francesca Johnson, farmer's wife, of Madison County, Iowa, long ago from Naples.

"I mean"—his voice was a little shaky, a little rough—"if you don't mind my boldness, you look stunning. Make-'em-run-around-the-block-howling-in-agony stunning. I'm serious. You're big-time elegant, Francesca, in the purest sense of that word."

His admiration was genuine, she could tell. She reveled in it, bathed in it, let it swirl over her and into the pores of her skin like soft oil from the hands of some deity somewhere who had deserted her years ago and had now returned.

And, in the catch of that moment, she fell in love with Robert Kincaid, photographer-writer, from Bellingham, Washington, who drove an old pickup truck named Harry.

Room to Dance Again

On that Tuesday evening in August of 1965, Robert Kincaid looked steadily at Francesca Johnson. She looked back in kind. From ten feet apart they were locked in to one another, solidly, intimately, and inextricably.

The telephone rang. Still looking at him, she did not move on the first ring, or the second. In the long silence after the second ring, and before the third, he took a deep breath and looked down at his camera bags. With that she was able to move across the kitchen toward the phone hanging on the wall just behind his chair.

"Johnson's. ... Hi, Marge. Yes, I'm fine. Thursday night?" She calculated: He said he'd be here a week, he came yesterday, this is only Tuesday. The decision to lie was an easy one.

She was standing by the door to the porch, phone in her left hand. He sat within touching distance, his back to her. She reached out with her right hand and rested it on his shoulder, in the casual way that some women have with men they care for. In only twenty-four hours she had come to care for Robert Kincaid.

"Oh, Marge, I'm tied up then. I'm going shopping in Des Moines. Good chance to get a lot of things done I've been putting off. You know, with Richard and the kids gone."

Her hand lay quietly upon him. She could feel the muscle running from his neck along his shoulder, just back of his collarbone. She was looking down on the thick gray hair, neatly parted. Saw how it drifted over his collar. Marge babbled on.

"Yes, Richard called a little while ago. ... No, the judging's not till Wednesday, tomorrow. Richard said it'd be late Friday before they're home. Something they want to see on Thursday. It's a long drive, particularly in the stock truck. ... No, football practice doesn't start for another week. Uh-huh, a week. At least that's what Michael said."

She was conscious of how warm his body felt through the shirt. The warmth came into her hand, moved up her arm, and from there spread through her to wherever it wanted to go, with no effort—indeed, with no control—from her. He was still, not wanting to make any noise that might cause Marge to wonder. Francesca understood this.

"Oh, yes, that was a man asking directions." As she guessed, Floyd Clark had gone right home and told his wife about the green pickup he had seen in the Johnsons' yard on his way by yesterday.

"A photographer? Gosh, I don't know. I didn't pay much attention. Could have been." The lies were coming easier now.

"He was looking for Roseman Bridge. ... Is that right? Taking pictures of the old bridges, huh? Oh, well, that's harmless enough."

"Hippie?" Francesca giggled and watched Kincaid's head shake slowly back and forth. "Well, I'm not sure what a hippie looks like. This fellow was polite. He only stayed a minute or two and then was gone. ... I don't know whether they have hippies in Italy, Marge. I haven't been there for eight years. Besides, like I said, I'm not sure I'd know a hippie if I saw one."

Marge was talking on about free love and communes and drugs she'd read about somewhere. "Marge, I was just getting ready to step into my bath when you called, so I'd better run before the water gets cold. ... Okay, I'll call soon. 'Bye."

She disliked removing her hand from his shoulder, but there was no good excuse not to remove it. So she walked to the sink and turned on the radio. More country music. She adjusted the dial until the sound of a big band came on and left it there.

"'Tangerine,'" he said.

"What?"

"The song. It's called 'Tangerine.' It's about an Argentinian woman." Talking around the edges of things again. Saying anything, anything. Fighting for time and the sense of it all, hearing somewhere back in his mind the faint click of a door shutting behind two people in an Iowa kitchen.

She smiled softly at him. "Are you hungry? I have supper ready whenever you want."

"It was a long, good day. I wouldn't mind another beer before I eat. Will you have one with me?" Stalling, looking for his center, losing it moment by moment.

She would. He opened two and set one on her side of the table.

Francesca was pleased with how she looked and how she felt. Feminine. That's how she felt. Light and warm and feminine. She sat on the kitchen chair, crossed her legs, and the hem of her skirt rode up well above her right knee. Kincaid was leaning against the refrigerator, arms folded across his chest, Budweiser in his right hand. She was pleased that he noticed her legs, and he did.

He noticed all of her. He could have walked out on this earlier, could still walk. Rationality shrieked at him. "Let it go, Kincaid, get back on the road. Shoot the bridges, go to India. Stop in Bangkok on the way and look up the silk merchant's daughter who knows every ecstatic secret the old ways can teach. Swim naked with her at dawn in jungle pools and listen to her scream as you turn her inside out at twilight. Let go of this"—the voice was hissing now—"it's outrunning you."

But the slow street tango had begun. Somewhere it played; he could hear it, an old accordion. It was far back, or far ahead, he couldn't be sure. Yet it moved toward him steadily. And the sound of it blurred his criteria and funneled down his alternatives toward unity. Inexorably it did that, until there was nowhere left to go, except toward Francesca Johnson.

"We could dance, if you like. The music's pretty good for it," he said in that serious, shy way of his. Then he quickly tacked on his caveat: "I'm not much of a dancer, but if you'd like to, I can probably handle it in a kitchen."

Jack scratched at the porch door, wanting in. He could stay out.

Francesca blushed only a little. "Okay. But I don't dance much, either ... anymore. I did as a young girl in Italy, but now it's just pretty much on New Year's Eve, and then only a little bit."

He smiled and put his beer on the counter. She rose, and they moved toward each other. "It's your Tuesday night dance party from WGN, Chicago," said the smooth baritone. "We'll be back after these messages."

They both laughed. Telephones and commercials. Something there was that kept inserting reality between them. They knew it without saying it.

But he had reached out and taken her right hand anyway, in his left. He leaned easily against the counter, legs crossed at the ankles, right one on top. She rested beside him, against the sink, and looked out the window near the table, feeling his slim fingers around her hand. There was no breeze, and the corn was growing.

"Oh, just a minute." She reluctantly removed her hand from his and opened the bottom right cupboard. From it she took two white candles she had bought in Des Moines that morning, along with a small brass holder for each candle. She put them on the table.

He walked over, tilted each one, and lit it, while she snapped off the overhead light. It was dark now, except for the small flames pointing straight upward, barely fluttering on a windless night. The plain kitchen had never looked this good.

The music started again. Fortunately for both of them, it was a slow rendition of "Autumn Leaves."

She felt awkward. So did he. But he took her hand, put an arm around her waist, she moved into him, and the awkwardness vanished. Somehow it worked in an easy kind of way. He moved his arm farther around her waist and pulled her closer.

She could smell him, clean and soaped and warm. A good, fundamental smell of a civilized man who seemed, in some part of himself, aboriginal.

"Nice perfume," he said, bringing their hands in to lie upon his chest, near his shoulder.

"Thank you."

They danced, slowly. Not moving very far in any direction. She could feel his legs against hers, their stomachs touching occasionally.

The song ended, but he held on to her, hummed the melody that had just played, and they stayed as they were until the next song began. He automatically led her into it, and the dance went on, while locusts complained about the coming of September.

She could feel the muscles of his shoulder through the light cotton shirt. He was real, more real than anything she'd ever known. He bent slightly to put his cheek against hers.

During the time they spent together, he once referred to himself as one of the last cowboys. They had been sitting on the grass by the pump out back. She didn't understand and asked him about it.

"There's a certain breed of man that's obsolete," he had said. "Or very nearly so. The world is getting organized, way too organized for me and some others. Everything in its place, a place for everything. Well, my camera equipment is pretty well organized, I admit, but I'm talking about something more than that. Rules and regulations and laws and social conventions. Hierarchies of authority, spans of control, long-range plans, and budgets. Corporate power; in 'Bud' we trust. A world of wrinkled suits and stick-on name tags.

"Not all men are the same. Some will do okay in the world that's coming. Some, maybe just a few of us, will not. You can see it in computers and robots and what they portend. In older worlds, there were things we could do, were designed to do, that nobody or no machine could do. We run fast, are strong and quick, aggressive and tough. We were given courage. We can throw spears long distances and fight in hand-to-hand combat.

"Eventually, computers and robots will run things. Humans will manage those machines, but that doesn't require courage or strength, or any characteristics like those. In fact, men are outliving their usefulness. All you need are sperm banks to keep the species going, and those are coming along now. Most men are rotten lovers, women say, so there's not much loss in replacing sex with science.

"We're giving up free range, getting organized, feathering our emotions. Efficiency and effectiveness and all those other pieces of intellectual artifice. And with the loss of free range, the cowboy disappears, along with the mountain lion and gray wolf. There's not much room left for travelers.

"I'm one of the last cowboys. My job gives me free range of a sort. As much as you can find nowadays. I'm not sad about it. Maybe a little wistful, I guess. But it's got to happen; it's the only way we'll keep from destroying ourselves. My contention is that male hormones are the ultimate cause of trouble on this planet. It was one thing to dominate another tribe or another warrior. It's quite another to have missiles. It's also quite another to have the power to destroy nature the way we're doing. Rachel Carson is right. So were John Muir and Aldo Leopold.

"The curse of modern times is the preponderance of male hormones in places where they can do long-term damage. Even if we're not talking about wars between nations or assaults on nature, there's still that aggressiveness that keeps us apart from each other and the problems we need to be working on. We have to somehow sublimate those male hormones, or at least get them under control.

"It's probably time to put away the things of childhood and grow up. Hell, I recognize it. I admit it. I'm just trying to make some good pictures and get out of life before I'm totally obsolete or do some serious damage."

Over the years, she had thought about what he'd said. It seemed right to her, somehow, on the surface of it. Yet the ways of him contradicted what he said. He had a certain plunging aggressiveness to him, but he seemed to be able to control it, to turn it on and then let go of it when he wanted. And that's what had both confused and attracted her—incredible intensity, but controlled, metered, arrowlike intensity that was mixed with warmth and no hint of meanness.

On that Tuesday night, gradually and without design, they had moved closer and closer together, dancing in the kitchen. Francesca was pressed close against his chest, and she wondered if he could feel her breasts through the dress and his shirt and was certain he could.

He felt so good to her. She wanted this to run forever. More old songs, more dancing, more of his body against hers. She had become a woman again. There was room to dance again. In a slow, unremitting way, she was turning for home, toward a place she'd never been.

It was hot. The humidity was up, and thunder rolled far in the southwest. Moths plastered themselves on the screens, looking in at the candles, chasing the fire.

He was falling into her now. And she into him. She moved her cheek away from his, looked up at him with dark eyes, and he kissed her, and she kissed back, longtime soft kissing, a river of it.

They gave up the pretense of dancing, and her arms went around his neck. His left hand was on her waist behind her back, the other brushing across her neck and her cheek and her hair. Thomas Wolfe talked about the "ghost of the old eagerness." The ghost had stirred in Francesca Johnson. In both of them.

Sitting by the window on her sixty-seventh birthday, Francesca watched the rain and remembered. She carried her brandy into the kitchen and stopped for a moment, staring at the exact spot where the two of them had stood. The feelings inside of her were overwhelming; they always were. Strong enough that over the years she had dared do this in detail only once a year or her mind somehow would have disintegrated at the sheer emotional bludgeoning of it all.

Her abstinence from her recollections had been a matter of survival. Though in the last few years, the detail was coming back more and more often. She had ceased trying to stop him from coming into her. The images were clear, and real, and present. And so far back. Twenty-two years back. But slowly they were becoming her reality once again, the only one in which she cared to live.

She knew she was sixty-seven and accepted it, but she could not imagine Robert Kincaid being nearly seventy-five. Could not think of it, could not conceive of it or even conceive of the conceiving of it. He was here with her, right in this kitchen, in his white shirt, long gray hair, khaki slacks, brown sandals, silver bracelet, and silver chain around his neck. He was here with his arms around her.

She finally pulled back from him, from where they stood in the kitchen, and took his hand, leading him toward the stairs, up the stairs, past Carolyn's room, past Michael's room, and into her room, turning on a small reading lamp by the bed.

Now, all these years later, Francesca carried her brandy and walked slowly up the stairs, her right hand trailing behind her to bring along the memory of him up the stairs and down the hallway into the bedroom.

The physical images were inscribed in her mind so clearly that they might have been razor-edged photographs of his. She remembered the dreamlike sequence of clothes coming off and the two of them naked in bed. She remembered how he held himself just above her and moved his chest slowly against her belly and across her breasts. How he did this again and again, like some animal courting rite in an old zoology text. As he moved over her, he alternately kissed her lips or ears or ran his tongue along her neck, licking her as some fine leopard might do in long grass out on the veld.

He was an animal. A graceful, hard, male animal who did nothing overtly to dominate her yet dominated her completely, in the exact way she wanted that to happen at this moment.

But it was far beyond the physical, though the fact that he could make love for a long time without tiring was part of it. Loving him was—it sounded almost trite to her now, given the attention paid to such matters over the last two decades—spiritual. It was spiritual, but it wasn't trite.

In the midst of it, the lovemaking, she had whispered it to him, captured it in one sentence: "Robert, you're so powerful it's frightening." He was powerful physically, but he used his strength carefully. It was more than that, however.

Sex was one thing. In the time since she'd met him, she had settled into the anticipation—the possibility, anyway—of something pleasurable, a breaking with a routine of hammering sameness. She hadn't counted on his curious power.

It was almost as if he had taken possession of her, in all of her dimensions. That's what was frightening. She never had doubted at the beginning that one part of her could remain aloof from whatever she and Robert Kincaid did, the part that belonged to her family and life in

Madison County.

But he simply took it away, all of it. She should have known when he first stepped out of his truck to ask directions. He had seemed shamanlike then, and her original judgment was correct.

They would make love for an hour, maybe more, then he would pull slowly away and look at her, lighting a cigarette and one for her. Or sometimes he would just lie beside her, always with one hand moving on her body. Then he was inside her again, whispering soft words into her ear as he loved her, kissing her between phrases, between words, his arm around her waist, pulling her into him and him into her.

And she would begin to turn in her mind, breathing heavier, letting him take her where he lived, and he lived in strange, haunted places, far back along the stems of Darwin's logic.

With her face buried in his neck and her skin against his, she could smell rivers and woodsmoke, could hear steaming trains chuffing out of winter stations in long-ago nighttimes, could see travelers in black robes moving steadily along frozen rivers and through summer meadows, beating their way toward the end of things. The leopard swept over her, again and again and yet again, like a long prairie wind, and rolling beneath him, she rode on that wind like some temple virgin toward the sweet, compliant fires marking the soft curve of oblivion.

And she murmured, softly, breathlessly, "Oh, Robert ... Robert ... I am losing myself."

She, who had ceased having orgasms years ago, had them in

long sequences now with a half-man, half-something-else creature. She wondered about him and his endurance, and he told her that he could reach those places in his mind as well as physically, and that the orgasms of the mind had their own special character.

She had no idea what he meant. All she knew was that he had pulled in a tether of some kind and wound it around both of them so tightly she would have suffocated had it not been for the vaulting freedom from herself she felt.

The night went on, and the great spiral dance continued. Robert Kincaid discarded all sense of anything linear and moved to a part of himself that dealt only with shape and sound and shadow. Down the paths of the old ways he went, finding his direction by candles of sunlit frost melting upon the grass of summer and the red leaves of autumn.

And he heard the words he whispered to her, as if a voice other than his own were saying them. Fragments of a Rilke poem, "around the ancient tower ... I have been circling for a thousand years." The lines to a Navajo sun chant. He whispered to her of the visions she brought to him—of blowing sand and magenta winds and brown pelicans riding the backs of dolphins moving north along the coast of Africa.

Sounds, small, unintelligible sounds, came from her mouth as she arched herself toward him. But it was a language he understood completely, and in this woman beneath him, with his belly against hers, deep inside her, Robert Kincaid's long search came to an end.

And he knew finally the meaning of all the small footprints on all the deserted beaches he had ever walked, of all the secret cargoes carried by ships that had never sailed, of all the curtained faces that had watched him pass down winding streets of twilight cities. And, like a great hunter of old who has traveled distant miles and now sees the light of his home campfires, his loneliness dissolved. At last. At last. He had come so far ... so far. And he lay upon her, perfectly formed and unalterably complete in his love for her. At last.

Toward morning, he raised himself slightly and said, looking straight into her eyes, "This is why I'm here on this planet, at this time, Francesca. Not to travel or make pictures, but to love you. I know that now. I have been falling from the rim of a great, high place, somewhere back in time, for many more years than I have lived in this life. And through all of those years, I have been falling toward you."

When they came downstairs, the radio was still on. Dawn had come up, but the sun lay behind a thin cloud cover.

"Francesca, I have a favor to ask." He smiled at her as she fussed with the coffeepot.

"Yes?" She looked at him. Oh, God, I love him so, she thought, unsteady, wanting even more of him, never stopping.

"Slip on the jeans and T-shirt you wore last night, along with a pair of sandals. Nothing else. I want to make a picture of you as you look this morning. A photograph just for the two of us."

She went upstairs, her legs weak from being wrapped around him all night, dressed, and went outside with him to the pasture. That's where he had made the photograph she looked at each year.

The Highway and the Peregrine

Robert Kincaid gave up photography for the next few days. And except for the necessary chores, which she minimized, Francesca Johnson gave up farm life. The two of them spent all their time together, either talking or making love. Twice, when she asked, he played the guitar and sang for her in a voice somewhere between fair and good, a little uncomfortable, telling her she was his first audience. When he said that, she smiled and kissed him, then lay back upon her feelings, listening to him sing of whaling ships and desert winds.

She rode with him in Harry to the Des Moines airport, where he shipped film to New York. He always sent the first few rolls ahead, when it was possible, so the editors could look at what he was getting and the technicians could check to make sure his camera shutters were functioning properly.

Afterward he took her to a fancy restaurant for lunch and held her hands across the table, looking at her in his intense way. And the waiter smiled, just watching them, hoping he would feel that way sometime.

She marveled at the sense Robert Kincaid had of his ways coming to a close and the ease with which he accepted it. He could see the approaching death of cowboys and others like them, including himself. And she began to understand what he meant when he said he was at the terminus of a branch of evolution and that it was a dead end. Once, in talking about what he called "last things," he whispered: "'Never again,' cried the High-Desert Master. 'Never and never and never again.'" He saw nothing beyond himself along the branch. His kind was obsolete.

On Thursday they talked after making love in the afternoon. Both of them knew this conversation had to occur. Both of them had been avoiding it.

"What are we going to do?" he said.

She was silent, torn-apart silent. Then, "I don't know," softly.

"Look, I'll stay here if you want, or in town, or wherever. When your family comes home, I'll simply talk with your husband and explain how it lies. It won't be easy, but I'll get it done."

She shook her head. "Richard could never get his arms around this; he doesn't think in these terms. He doesn't understand magic and passion and all those other things we talk about and experience, and he never will. That doesn't necessarily make him an inferior person. It's just too far removed from anything he's ever felt or thought about. He has no way of dealing with it."

"Are we going to let all of this go, then?" He was serious, not smiling.

"I don't know that, either. Robert, in a curious way, you own me.

I didn't want to be owned, didn't need it, and I know you didn't intend that, but that's what has happened. I'm no longer sitting next to you, here on the grass. You have me inside of you as a willing prisoner."

He replied, "I'm not sure you're inside of me, or that I am inside of you, or that I own you. At least I don't want to own you. I think we're both inside of another being we have created called 'us.'

"Well, we're really not inside of that being. We are that being. We have both lost ourselves and created something else, something that exists only as an interlacing of the two of us. Christ, we're in love. As deeply, as profoundly, as it's possible to be in love.

"Come travel with me, Francesca. That's not a problem. We'll make love in desert sand and drink brandy on balconies in Mombasa, watching dhows from Arabia run up their sails in the first wind of morning. I'll show you lion country and an old French city on the Bay of Bengal where there's a wonderful rooftop restaurant, and trains that climb through mountain passes and little inns run by Basques high in the Pyrenees. In a tiger preserve in south India, there's a special place on an island in the middle of a huge lake. If you don't like the road, I'll set up shop somewhere and shoot local stuff or portraits or whatever it takes to keep us going."

"Robert, when we were making love last night, you said something that I still remember. I kept whispering to you about your power—and, my God, you have that. You said, 'I am the highway and a peregrine and all the sails that ever went to sea.' You were right. That's what you feel; you feel the road inside of you. No, more than that, in a way that I'm not certain I can explain, you are the road. In the crack where illusion meets reality, that's where you are, out there on the road, and the road is you.

"You're old knapsacks and a truck named Harry and jet airplanes to Asia. And that's what I want you to be. If your evolutionary branch is a dead end, as you say it is, then I want you to hit that end at full speed. I'm not sure you can do that with me along. Don't you see, I love you so much that I cannot think of restraining you for a moment. To do that would be to kill the wild, magnificent animal that is you, and the power would die with it."

He started to speak, but Francesca stopped him.

"Robert, I'm not quite finished. If you took me in your arms and carried me to your truck and forced me to go with you, I wouldn't murmur a complaint. You could do the same thing just by talking to me. But I don't think you will. You're too sensitive, too aware of my feelings, for that. And I have feelings of responsibility here.

"Yes, it's boring in its way. My life, that is. It lacks romance, eroticism, dancing in the kitchen to candlelight, and the wonderful feel of a man who knows how to love a woman. Most of all, it lacks you. But there's this damn sense of responsibility I have. To Richard, to the children. Just my leaving, taking away my physical presence, would be hard enough for Richard. That alone might destroy him.

"On top of that, and this is even worse, he would have to live the rest of his life with the whispers of the people here. 'That's Richard Johnson. His hot little Italian wife ran off with some long-haired photographer a few years back.' Richard would have to suffer that, and the children would hear the snickering of Winterset for as long as they live here. They would suffer, too. And they would hate me for it.

"As much as I want you and want to be with you and part of you, I can't tear myself away from the realness of my responsibilities. If you force me, physically or mentally, to go with you, as I said earlier, I cannot fight that. I don't have the strength, given my feelings for you. In spite of what I said about not taking the road away from you, I'd go because of my own selfish wanting of you.

"But please don't make me. Don't make me give this up, my responsibilities. I cannot do that and live with the thought of it. If I did leave now, those thoughts would turn me into something other than the woman you have come to love."

Robert Kincaid was silent. He knew what she was saying about the road and responsibilities and how the guilt could transform her. He knew she was right, in a way. Looking out the window, he fought within himself, fought to understand her feelings. She began to cry.

Then they held each other for a long time. And he whispered to her, "I have one thing to say, one thing only; I'll never say it another time, to anyone, and I ask you to remember it: In a universe of ambiguity, this kind of certainty comes only once, and never again, no matter how many lifetimes you live."

They made love again that night, Thursday night, lying together until well after sunrise, touching and whispering. Francesca slept a little then, and when she awoke, the sun was high and already hot. She heard one of Harry's doors creaking and threw on some clothes.

He had made coffee and was sitting at the kitchen table, smoking, when she got there. He grinned at her. She moved across the room and buried her face in his neck, her hands in his hair, his arms around her waist. He turned her around and sat her on his lap, touching her.

Finally he stood. He had his old jeans on, with orange suspenders running over a clean khaki shirt, his Red Wing boots were laced tight, the Swiss Army knife was on his belt. His photo vest hung from the back of the chair, the cable release poking out of a pocket. The cowboy was saddled up.

"I'd better be going."

She nodded, beginning to cry. She saw the tears in his eyes, but he kept smiling that little smile of his.

"Is it okay if I write you sometime? I want to at least send a photo or two."

"It's all right," Francesca said, wiping her eyes on the towel hanging from the cupboard door. "I'll make some excuse for getting mail from a hippie photographer, as long as it's not too much."

"You have my Washington address and phone, right?" She nodded. "If I'm not there, call the *National Geographic* offices. Here, I'll write the number down for you." He wrote on the pad by the phone, tore off the sheet, and handed it to her.

"Or you can always find the number in the magazine. Ask for the editorial offices. They know where I am most of the time.

"Don't hesitate if you want to see me, or just to talk. Call me collect anywhere in the world; the charges won't appear on your bill that way. And I'll be around here for a few more days. Think about what I've said. I can be here, settle the matter in short order, and we could drive northwest together."

Francesca said nothing. She knew he could, indeed, settle the matter in short order. Richard was five years younger than him, but no match intellectually or physically for Robert Kincaid.

He slipped into his vest. Her mind was gone, empty, turning. "Don't leave, Robert Kincaid," she could hear herself crying out from somewhere inside.

Taking her hand, he walked through the back door toward the truck. He opened the driver's door, put his foot on the running board, then stepped off it and held her again for several minutes. Neither of them spoke; they simply stood there, sending, receiving, imprinting the feel of each on the other, indelibly. Reaffirming the existence of that special being he had talked about.

For the last time, he let her go and stepped into the truck, sitting there with the door open. Tears running down his cheeks. Tears running down her cheeks. Slowly he pulled the door shut, hinges creaking. Harry was reluctant to start, as usual, but she could hear his boot hitting the accelerator, and the old truck eventually relented.

He shifted into reverse and sat there with the clutch in. First serious, then with a little grin, pointing toward the lane. "The road, you know. I'll be in southeast India next month. Want a card from there?"

She couldn't speak but said no with a shake of her head. That would be too much for Richard to find in the mailbox. She knew Robert understood. He nodded.

The truck backed into the farmyard, crunching across the gravel, chickens scattering from under its wheels. Jack chased one of them into the machine shed, barking.

Robert Kincaid waved to her through the open passenger-side window. She could see the sun flashing off his silver bracelet. The top two buttons of his shirt were open.

He moved into the lane and down it. Francesca kept wiping her eyes, trying to see, the sunlight making strange prisms from her tears. As she had done the first night they met, she hurried to the head of the lane and watched the old pickup bounce along. At the end of it, the truck stopped, the driver's door swung open, and he stepped out on the running board. He could see her a hundred yards back, looking small from this distance.

He stood there, with Harry turning over impatiently in the heat, and stared. Neither of them moved; they already had said good-bye. They just looked—the Iowa farm wife, the creature at the end of his evolutionary branch, one of the last cowboys. For thirty seconds he stood there, his photographer's eyes missing nothing, making their own image that he never would lose.

He closed the door, ground the gears, and was crying again as he turned left on the county road toward Winterset. He looked back just before a grove of trees on the northwest edge of the farm would block his view and saw her sitting cross-legged in the dust where the lane began, her head in her hands.

Richard and the children arrived in early evening with stories of the fair and a ribbon the steer had won before being sold for slaughter. Carolyn was on the phone immediately. It was Friday, and Michael took the pickup truck into town for the things that seventeen-year-old boys do on Friday nights—mostly hang around the square and talk or shout at girls going by in cars. Richard turned on the television, telling Francesca how good the cornbread was as he ate a piece with butter and maple syrup.

She sat on the front porch swing. Richard came out after his program was finished at ten o'clock. He stretched and said, "Sure is good to be home." Then, looking at her, "You okay, Frannie? You seem a little tired or dreamy or somethin'."

"Yes, I'm just fine, Richard. It's good to have you back safe and sound."

"Well, I'm turnin' in; it's been a long week at the fair, and I'm bushed. You comin', Frannie?"

"Not for a little bit. It's kind of nice out here, so I think I'll just sit awhile." She was tired, but she was also afraid Richard might have sex in mind. She just couldn't handle that tonight.

She could hear him walking around in their bedroom, above where she pushed back and forth on the swing, her bare feet on the porch floor. From the back of the house, she could hear Carolyn's radio playing.

She avoided going into town for the next few days, aware all the time that Robert Kincaid was only a few miles away. Frankly, she didn't think she could stop herself if she saw him. She might run to him and say, "Now! We must go now!" She had defied risk to see him at Cedar Bridge, now there was too much risk in seeing him again.

By Tuesday the groceries were running low and Richard needed a part for the corn picker he was getting back in shape. The day was low-slung, steady rain, light fog, cool for August.

Richard got his part and had coffee with the other men at the cafe while she shopped for groceries. He knew her schedule and was waiting out in front of the Super Value when she finished. He jumped out, wearing his Allis-Chalmers cap, and helped her load the bags into the Ford pickup, on the seat and around her knees. And she thought of tripods and knapsacks.

"I've got to run up to the implement place again. I forgot one more piece I might need."

They drove north on U.S. Route 169, which formed the main street of Winterset. A block south of the Texaco station, she saw Harry rolling away from the pumps, windshield wipers slapping, and out onto the road ahead of them.

Their momentum brought them up right behind the old pickup, and sitting high in the Ford, she could see a black tarpaulin lashed down tight in the back, outlining a suitcase and guitar case wedged in next to the spare tire lying flat. The back window was rain-spattered, but part of his head was visible. He leaned over as if to get something from the glove box; eight days ago he'd done that and his arm had brushed across her leg. A week ago she'd been in Des Moines buying a pink dress.

"That truck's along way from home," remarked Richard. "Washington State. Looks like a woman driving it; long hair, anyway. On second thought, I'll bet it's that photographer they been talkin' about at the cafe."

They followed Robert Kincaid a few blocks north to where 169 intersected with 92 running east and west. It was a four-way stop, with heavy cross traffic in all directions, complicated by the rain and the fog, which had gotten heavier.

For maybe twenty seconds they sat there. He was up ahead, only thirty feet from her. She could still do it. Get out and run to Harry's right door, climb in over the knapsacks and cooler and tripods.

Since Robert Kincaid had driven away from her last Friday, she realized, in spite of how much she thought she'd cared for him then, she had nonetheless badly underestimated her feelings. That didn't seem possible, but it was true. She had begun to understand what he already understood.

But she sat frozen by her responsibilities, staring at that back window harder than she had ever looked at anything in her life. His left signal light came on. In a moment he'd be gone. Richard was fiddling with the Ford's radio.

She began to see things in slow motion, some curious trick of the mind. His turn came, and ... slowly ... slowly ... he moved Harry into the intersection—she could visualize his long legs working the clutch and accelerator and the muscles in his right forearm flexing as he shifted gears—curling left now onto 92 toward Council Bluffs, the Black Hills, and the Northwest ... slowly ... slowly ... the old pickup came around ... so slowly it came around through the intersection, putting its nose to the west.

Squinting through tears and rain and fog, she could barely make out the faded red paint on the door: "Kincaid Photography—Bellingham, Washington."

He had lowered his window to help him get through the bad visibility as he turned. He made the corner, and she could see his hair blowing as he began to accelerate down 92, heading west, rolling up the window as he drove.

"Oh, Christ—oh, Jesus Christ Almighty ... no!" The words were inside of her. "I was wrong, Robert, I was wrong to stay ... but I can't go. ... Let me tell you again ... why I can't go. ... Tell me again why I should go."

And she heard his voice coming back down the highway. "In a universe of ambiguity, this kind of certainty comes only once, and never again, no matter how many lifetimes you live."

Richard took the truck across the intersection heading north. She looked for an instant past his face toward Harry's red tail lights moving off into the fog and rain. The old Chevy pickup looked small beside a huge semitrailer rig roaring into Winterset, spraying a wave of road water over the last cowboy.

"Good-bye, Robert Kincaid," she whispered, and began to cry, openly.

Richard looked over at her. "What's wrong, Frannie? Will you please tell me what's wrong with you?"

"Richard, I just need some time to myself. I'll be all right in a few minutes."

Richard tuned in the noon livestock reports, looked over at her, and shook his head.

Ashes

Night had come to Madison County. It was 1987, her sixty-seventh birthday. Francesca had been lying on her bed for two hours. She could see and touch and smell and hear all of it from twenty-two years ago.

She had remembered, then remembered again. The image of those red taillights moving west along Iowa 92 in the rain and fog had stalked her for more than two decades. She touched her breasts and could feel his chest muscles sweeping over them. God, she loved him so. Loved him then, more than she thought possible, loved him now even more. She would have done anything for him except destroy her family and maybe him as well.

She went down the stairs and sat at the old kitchen table with the yellow Formica top. Richard had bought a new one; he'd insisted on it. But she'd also asked that the old one be stored in a shed, and she had wrapped it carefully in plastic before it was put away.

"I don't see why you're so attached to this old table, anyway," he had complained while helping her move it. After Richard died, Michael had brought it back into the house for her and never asked why she wanted it in place of the newer one. He'd just looked at her in a questioning way. She'd said nothing.

Now she sat at the table. Then, going to the cupboard, she took down two white candles with small brass holders. She lit the candles and turned on the radio, slowly adjusting the dial until she found some quiet music.

She stood by the sink for a long time, her head tilted slightly upward, looking at his face, and whispered, "I remember you, Robert Kincaid. Maybe the High-Desert Master was right. Maybe you were the last one. Maybe the cowboys are all close to dying by now."

Before Richard died, she had never tried to call Kincaid or to write, either, though she had balanced on the knife edge of it every day for years. If she talked to him one more time, she would go to him. If she wrote him, she knew he would come for her. That's how close it was. Through the years he never called or wrote again, after sending her the one package with the photographs and the manuscript. She knew he understood how she felt and the complications he could cause in her life.

She subscribed to *National Geographic* in September of 1965. The article on the covered bridges appeared the following year, and there was Roseman Bridge in warm first light, the morning he had found her note. The cover was his photo of a team pulling a wagon toward Hogback Bridge. He had written the text for the article as well.

On the back page of the magazine, the writers and photographers were featured, and occasionally there were photographs of them. He was there sometimes. The same long silver hair, the bracelet, jeans or khakis, cameras hanging off his shoulders, the veins standing out on his arms. In the Kalahari, at the walls of Jaipur in India, in a canoe in Guatemala, in northern Canada. The road and the cowboy.

She clipped these and kept them in the manila envelope with the covered-bridge issue of the magazine, the manuscript, the two photographs, and his letter. She put the envelope beneath her underwear in the bureau, a place Richard would never look. And like some distant observer tracking him through the years, she watched Robert Kincaid grow older.

The grin was still there, even the long, lean body with the good muscles. But she could tell by the lines around his eyes, the slight droop of the strong shoulders, the slowly sagging face. She could tell. She had studied that body more closely than anything else in her life, more closely than her own body. And his aging made her long even more for him, if that was possible. She suspected—no, she knew—he was by himself. And he was.

In the candlelight, at the table, she studied the clippings. He looked out at her from places far away. She came to the special picture from a 1967 issue. He was by a river in East Africa, facing the camera and up close to it, squatting down, getting ready to take a photograph of something.

When she had first looked at this clipping, years ago, she could see the silver chain around his neck now had a small medallion attached to it. Michael was away at college, and when Richard and Carolyn had gone to bed, she got out a powerful magnifying glass Michael had used for his stamp collection when he was young and brought it close to the photo.

"My God," she breathed. The medallion said "Francesca" on it. That was his one small indiscretion, and she forgave him for it, smiling. In all of the photos after that, the medallion was always there on the silver chain.

After 1975 she never saw him again in the magazine. His byline was absent as well. She searched every issue but found nothing. He would have been sixty-two that year.

When Richard died in 1979, when the funeral was over and the children had gone back to their own homes, she thought about calling Robert Kincaid. He would be sixty-six; she was fifty-nine. There was still time, even with the loss of fourteen years. She thought hard about it for a week and finally took the number off his letterhead and dialed it.

Her heart nearly stopped when the phone began to ring. She heard the receiver being picked up and almost put the phone back on the hook. A woman's voice said, "McGregor Insurance." Francesca sank but recovered enough to ask the secretary if she had dialed the correct number. She had. Francesca thanked her and hung up.

Next she tried the Information operator in Bellingham, Washington. Nothing listed. She tried Seattle. Nothing. Then the Chamber of Commerce offices in Bellingham and Seattle. She asked if they would check the city directories. They did, and he was not listed. He could be anywhere, she thought.

She remembered the magazine; he had said to call there. The receptionist was polite but new, and had to get someone to help her with the request. Francesca's call was transferred three times before she talked with an associate editor who had been at the magazine for twenty years. She asked about Robert Kincaid.

Of course the editor remembered him. "Trying to locate him, huh? He was a hell of a photographer, if you'll excuse the language. He was cantankerous, not in a nasty way, but persistent. He was after art for art's sake, and that doesn't work very well with our readership. Our readership wants nice pictures, skillful pictures, but nothing too wild.

"We always said Kincaid was a little strange; none of us knew him well outside of the work he did for us. But he was a pro. We could send him anywhere, and he'd deliver, even though he disagreed with our editorial decisions most of the time. As for his whereabouts, I've been checking our files while we talked. He left the magazine in 1975. The address and phone number I have are ..." He read off the same information Francesca already had. She stopped trying after that, mostly because she was afraid of what she might discover.

She drifted along, allowing herself to think more and more about Robert Kincaid. She was still able to drive well enough, and several times a year she would go to Des Moines and have lunch in the restaurant where he had taken her. On one of those trips, she bought a leather-bound book of blank pages. And on those pages she began recording in neat handwriting the details of her love affair with him and her thoughts about him. It required nearly three volumes of the notebooks before she was satisfied she had completed her task.

Winterset was improving. There was an active art guild, mostly female, and talk of refurbishing the old bridges had been going on for some years. Interesting young folks were building houses in the hills. Things had loosened up, long hair was no longer cause for stares, though sandals on men were still pretty scarce and poets were few.

Yet except for a few women friends, she withdrew completely from the community. People remarked about it and how they often would see her standing by Roseman Bridge and sometimes by Cedar Bridge. Old folks frequently become strange, they said, and contented themselves with that explanation.

On the second of February 1982, a United Parcel Service truck trundled up her driveway. She hadn't ordered anything she could recall. Puzzled, she signed for the package and looked at the address: "Francesca Johnson, RR 2, Winterset, Iowa 50273." The return address was a law firm in Seattle.

The package was neatly wrapped and carried extra insurance. She placed it on the kitchen table and opened it carefully. Inside were three boxes, packed securely in Styrofoam peanuts. Taped to the top of one was a small padded envelope. To another was taped a business envelope addressed to her and carrying the law firm's return address.

She removed the tape from the business envelope and opened it, shaking.

January 25, 1982

Ms. Francesca Johnson

RR 2

Winterset, IA 50273

Dear Ms. Johnson:

We represent the estate of one Robert L. Kincaid, who recently passed away. ...

Francesca laid the letter on the table. Outside, snow blew across the fields of winter. She watched it skim the stubble, taking corn husks with it, piling them up in the corner of the wire. She read the words once more.

We represent the estate of one Robert L. Kincaid, who recently passed away. ...

"Oh, Robert ... Robert ... no." She said it softly and bowed her head. An hour later she was able to continue reading. The straightforward language of the law, the precision of the words, angered her.

"We represent ..."

An attorney carrying out his duties to a client.

But the power, the leopard who came riding in on the tail of a comet, the shaman who was looking for Roseman Bridge on a hot August day, and the man who stood on the running board of a truck named Harry and looked back at her dying in the dust of an Iowa farm lane—where was he in those words?

The letter should have been a thousand pages long. It should have talked about the end of evolutionary chains and the loss of free range, about cowboys struggling with the corners of the wire, like the corn husks of winter.

The only will he left was dated July 8, 1967. His instructions about having the enclosed items delivered to you were explicit. If you could not be found, the materials were to be incinerated.

Also enclosed inside the box marked with the word "Letter" is a message for you he left with us in 1978. He sealed the envelope, and it has been left unopened.

Mr. Kincaid's remains were cremated. At his request, no marker was placed anywhere. His ashes were scattered, also at his request, near your home by an associate of ours. I believe the location was called Roseman Bridge.

If we may be of further service, please do not hesitate to contact us.

Sincerely yours,
Allen B. Quippen, Attorney at Law

She caught her breath, dried her eyes again, and began to examine the remaining contents of the box.

She knew what was in the small padded envelope. She knew it as surely as she knew spring would come again this year. She opened it carefully and reached in. Out came the silver chain. The medallion attached to it was scratched and read "Francesca." On the back, etched in the tiniest of letters, was: "If found, please send to Francesca Johnson, RR 2, Winterset, Iowa, USA."

His silver bracelet was wrapped in tissue paper at the bottom of the envelope. A slip of paper was included with the bracelet. It was her handwriting:

If you'd like supper again when "white moths are on the wing," come by tonight after you're finished.

Her note from the Roseman Bridge. He'd kept even that for his memories.

Then she remembered that was the only thing he had of hers, his only evidence she existed, aside from elusive images on slowly decaying film emulsions. The little note from Roseman Bridge. It was stained and curved, as if it had been carried in a billfold for a long time.

She wondered how many times he had read it over the years, far from the hills along Middle River. She could imagine him holding the note before him in the thin light of a reading lamp on a nonstop jet to somewhere, sitting on the floor of a bamboo hut in tiger country and reading it by flashlight, folding and putting it away on a rainy night in Bellingham, then looking at photographs of a woman leaning against a fence post on a summer morning or coming out of a covered bridge at sundown.

The three boxes each contained a camera with a lens attached. They were battered, scarred. Turning one around, she could read "Nikon" on the viewfinder and, just to the upper left of the Nikon label, the letter F. It was the camera she had handed him at Cedar Bridge.

Finally she opened the letter from him. It was written in longhand on his stationery and dated August 16, 1978.

Dear Francesca,

I hope this finds you well. I don't know when you'll receive it. Sometime after I'm gone. I'm sixty-five now, and it's been thirteen years ago today that we met when I came up your lane looking for directions.

I'm gambling that this package won't upset your life in any way. I just couldn't bear to think of the cameras sitting in a secondhand case in a camera store or in some stranger's hands. They'll be in pretty rough shape by the time you get them. But, I have no one else to leave them to, and I apologize for putting you at risk by sending them to you.

I was on the road almost constantly from 1965 to 1975. Just to remove some of the temptation to call you or come for you, a temptation I have virtually every waking moment of my life, I took all of the overseas assignments I could find. There have been times, many of them, when I've said, "The hell with it. I'm going to Winterset, Iowa, and, whatever the cost, take Francesca away with me."

But I remember your words, and I respect your feelings. Maybe you were right; I just don't know. I do know that driving out of your lane that hot Friday morning was the hardest thing I've ever done or will ever do. In fact, I doubt if few men have ever done anything more difficult than that.

I left National Geographic in 1975 and have been devoting the remainder of my shooting years mostly to things of my own choosing, picking up a little work where I can get it, local or regional stuff that keeps me away only a few days at a time. It's been tough financially, but I get along. I always do.

Much of my work is around Puget Sound. I like it that way. It seems as men get older they turn toward the water.

Oh, yes, I have a dog now, a golden retriever. I call him "Highway," and he travels with me most of the time, head hanging out the window, looking for good shots.

In 1972, I fell down a cliff in Maine, in Acadia National Park, and broke my ankle. The chain and medallion got torn off in the fall. Fortunately they landed close by. I found them again, and a jeweler mended the chain.

I live with dust on my heart. That's about as well as I can put it. There were women before you, a few, but none after. I made no conscious pledge to celibacy; I'm just not interested.

I once watched a Canada goose whose mate had been shot by hunters. They mate for life, you know. The gander circled the pond for days, and more days after that. When I last saw him, he was swimming alone through the wild rice, still looking. I suppose that analogy is a little too obvious for literary tastes, but it's pretty much the way I feel.

In my imagination, on foggy mornings or afternoons with the sun bouncing off northwest water, I try to think of where you might be in your life and what you might be doing as I'm thinking of you. Nothing complicated—going out to your garden, sitting on your front porch swing, standing at the sink in your kitchen. Things like that.

I remember everything. How you smelled, how you tasted like the summer. The feel of your skin against mine, and the sound of your whispers as I loved you.

Robert Penn Warren once used the phrase "a world that seems to be God-abandoned." Not bad, pretty close to how I feel some of the time. But I cannot live that way always. When those feelings become too strong, I load Harry and go down the road with Highway for a few days.

I don't like feeling sorry for myself. That's not who I am. And most of the time I don't feel that way. Instead, I am grateful for having at least found you. We could have flashed by one another like two pieces of cosmic dust.

God or the universe or whatever one chooses to label the great systems of balance and order does not recognize Earth-time. To the universe, four days is no different than four billion light years. I try to keep that in mind.

But, I am, after all, a man. And all the philosophic rationalizations I can conjure up do not keep me from wanting you, every day, every moment, the merciless wail of time, of time I can never spend with you, deep within my head.

I love you, profoundly and completely. And I always will.

The last cowboy,
Robert

P. S., I put another new engine in Harry last summer, and he's doing fine.

The package arrived five years ago. And looking at the contents had become part of her annual birthday ritual. She kept his cameras, bracelet, and the chain with the medallion in a special chest in the closet. A local carpenter had made the box to her design, out of walnut, with dust seals and padded interior sections. "Pretty fancy box," he had said. Francesca had only smiled.

The last part of the ritual was the manuscript. She always read it by candlelight, at the end of the day. She brought it from the living room and laid it carefully on the yellow Formica, near a candle, lit her one cigarette of the year, a Camel, took a sip of brandy, and began to read.

Falling from Dimension Z

ROBERT KINCAID

There are old winds I still do not understand, though I have been riding, forever it seems, along the curl of their spines. I move in Dimension Z; the world goes by somewhere else in another slice of things, parallel to me. As if, hands in my pockets and bending a little forward, I see it through a department store window, looking inward.

In Dimension Z, there are strange moments. Coming around a long, rainy, New Mexico curve west of Magdalena, the highway turns to a footpath and the path to an animal trail. A pass of my wiper blades, and the trail becomes a forest place where nothing has ever gone. Again the wiper blades and, again, something further back. Great ice, this time. I am moving through short grass, in furs, with matted hair and spear, thin and hard as the ice itself, all muscle and implacable cunning. Past the ice, still further back along the measure of things, deep salt water in which I swim, gilled and scaled. I cannot see more than that, except beyond plankton is the digit zero.

Euclid was not always right. He assumed parallelness, in constancy, right to the end of things; but a non-Euclidean way of being is also possible, where the lines come together, far out there. A vanishing point. The illusion of convergence.

Yet I know it's more than illusion. Sometimes a coming together is possible, a spilling of one reality into another. A kind of soft enlacing. Not prim intersections loomed in a world of precision, no sound of the shuttle. Just ... well ... breathing. Yes, that's the sound of it, maybe the feel of it, too. Breathing.

And I move slowly over this other reality, and beside it and underneath and around it, always with strength, always with power, yet always with a giving of myself to it. And the other senses this, coming forward with its own power, giving itself to me, in turn.

Somewhere, inside of the breathing, music sounds, and the curious spiral dance begins then, with a meter all its own that tempers the ice-man with spear and matted hair. And slowly—rolling and turning in adagio, in adagio always—ice-man falls ... from Dimension Z ... and into her.

At the end of her sixty-seventh birthday, when the rain had stopped, Francesca put the manila envelope in the bottom drawer of the rolltop desk. She had decided to keep it in her safe deposit box at the bank after Richard died but brought it home for a few days each year at this time. The lid on the walnut chest was shut on the cameras, and the chest was placed on the closet shelf in her bedroom.

Earlier in the afternoon, she had visited Roseman Bridge. Now she walked out on the porch, dried off the swing with a towel, and sat down. It was cold, but she would stay for a few minutes, as she always did. Then she walked to the yard gate and stood. Then to the head of the lane. Twenty-two years later, she could see him stepping from his truck in the late afternoon, trying to find his way; she could see Harry bouncing toward the county road, then stopping, and Robert Kincaid standing on the running board, looking back up the lane.

A Letter from Francesca

Francesca Johnson died in January of 1989. She was sixty-nine years old at the time of her death. Robert Kincaid would have been seventy-six that year. The cause of death was listed as "natural." "She just died," the doctor told Michael and Carolyn. "Actually, we're a little perplexed. We can find no specific cause for her death. A neighbor found her slumped over the kitchen table."

In a 1982 letter to her attorney, she had requested that her remains be cremated and her ashes scattered at Roseman Bridge. Cremation was an uncommon practice in Madison County—viewed as slightly radical in some undefined way—and her wish generated considerable discussion at the cafe, the Texaco station, and the implement dealership. The disposition of her ashes was not made public.

Following the memorial service, Michael and Carolyn drove slowly to Roseman Bridge and carried out Francesca's instructions. Though it was nearby, the bridge had never been special to the Johnson family, and they wondered, and wondered again, why their rather sensible mother would behave in such an enigmatic way and why she had not asked to be buried by their father, as was customary.

Following that, Michael and Carolyn began the long process of sorting through the house and brought home the materials from the safe deposit box after they were examined by the local attorney for estate purposes and released.

They divided the materials from the box and began looking through them. The manila envelope was in Carolyn's stack, about a third of the way down. She was puzzled when she opened it and removed the contents. She read Robert Kincaid's 1965 letter to Francesca. After that she read his 1978 letter, then the 1982 letter from the Seattle attorney. Finally she studied the magazine clippings.

"Michael."

He caught the mixture of surprise and pensiveness in her voice and looked up immediately. "What is it?"

Carolyn had tears in her eyes, and her voice became unsteady. "Mother was in love with a man named Robert Kincaid. He was a photographer. Remember when we all had to see the copy of *National Geographic* with the bridge story in it? He was the one who took the pictures of the bridges here. And remember all the kids talking about the strange-looking guy with the cameras back then? That was him."

Michael sat across from her, his tie loosened, collar open. "Say that again, slowly. I can't believe I heard you correctly."

After reading the letters, Michael searched the downstairs closet, then went upstairs to Francesca's bedroom. He had never noticed the walnut box before and opened it. He carried it down to the kitchen table. “Carolyn, here are his cameras.”

Tucked in one end of the box was a sealed envelope with “Carolyn or Michael” written on it in Francesca’s script, and lying between the cameras were three leather-bound notebooks.

“I’m not sure I’m capable of reading what’s in that envelope,” said Michael. “Read it out loud to me, if you can handle it.”

She opened the envelope and read aloud.

January 7, 1987

Dear Carolyn and Michael,

Though I’m feeling just fine, I think it’s time for me to get my affairs in order (as they say). There is something, something very important, you need to know about. That’s why I’m writing this.

After looking through the safe deposit box and finding the large manila envelope addressed to me with a 1965 postmark, I’m sure you’ll eventually come to this letter. If possible, please sit at the old kitchen table to read it. You’ll understand that request shortly.

It’s hard for me to write this to my own children, but I must. There’s something here that’s too strong, too beautiful, to die with me. And if you are to know who your mother was, all the goods and bads, you need to know what I’m about to say. Brace yourself.

As you’ve already discovered, his name was Robert Kincaid.

His middle initial was "L," but I never knew what the L represented. He was a photographer, and he was here in 1965 photographing the covered bridges.

Remember how excited the town was when the pictures appeared in National Geographic. You may also recall that I began receiving the magazine about that time. Now you know the reason for my sudden interest in it. By the way, I was with him (carrying one of his camera knapsacks) when the photo of Cedar Bridge was taken.

Understand, I loved your father in a quiet fashion. I knew it then, I know it now. He was good to me and gave me the two of you, who I treasure. Don't forget that.

But Robert Kincaid was something quite different, like nobody I've ever seen or heard or read about through my entire life. To make you understand him completely is impossible. First of all, you are not me. Second, you would have had to have been around him, to watch him move, to hear him talk about being on a deadend branch of evolution. Maybe the notebooks and magazine clippings will help, but even those will not be enough.

In a way, he was not of this earth. That's about as clear as I can say it. I've always thought of him as a leopardlike creature who rode in on the tail of a comet. He moved that way, his body was like that. He somehow coupled enormous intensity with warmth and kindness, and there was a vague sense of tragedy about him. He felt he was becoming obsolete in a world of computers and robots and organized living in general. He saw himself as one of the last cowboys, as he put it, and called himself old-fangled.

The first time I ever saw him was when he stopped and asked directions to Roseman Bridge. The three of you were at the Illinois State Fair. Believe me, I was not scouting around for any adventure. That was the furthest thing from my mind. But I looked at him for less than five seconds, and I knew I wanted him, though not as much as I eventually came to want him.

And please don't think of him as some Casanova running around taking advantage of country girls. He wasn't like that at all. In fact, he was a little shy, and I had as much to do with what happened as he did. More, in fact. The note tucked in with his bracelet is one I posted on Roseman Bridge so he would see it the morning after we first met. Aside from his photographs of me, it's the only piece of evidence he had over the years that I actually existed, that I was not just some dream he had.

I know children have a tendency to think of their parents as rather asexual, so I hope what I'm going to say won't shock you, and I certainly hope it won't destroy your memory of me.

In our old kitchen, Robert and I spent hours together. We talked and danced by candlelight. And, yes, we made love there and in the bedroom and in the pasture grass and just about anywhere else you can think of. It was incredible, powerful, transcending lovemaking, and it went on for days, almost without stopping. I always have used the word "powerful" a lot in thinking about him. For that's what he had become by the time we met.

He was like an arrow in his intensity. I simply was helpless when he made love to me. Not weak; that's not what I felt. Just, well, overwhelmed by his sheer emotional and physical power. Once when I whispered that to him, he simply said, "I am the highway and a peregrine and all the sails that ever went to sea."

I checked the dictionary later. The first thing people think of when they hear the word "peregrine" is a falcon. But there are other meanings of the word, and he would have been aware of that. One is "foreigner, alien." A second is "roving or wandering, migratory." The Latin peregrinus, which is one root of the word, means a stranger. He was all of those things—a stranger, a foreigner in the more general sense of the word, a wanderer, and he also was falconlike, now that I think of it.

Children, understand I am trying to express what cannot be put into words. I only wish that someday you each might have what I experienced; however, I'm beginning to think that's not likely. Though I suppose it's not fashionable to say such things in these more enlightened times, I don't think it's possible for a woman to possess the peculiar kind of power Robert Kincaid had. So, Michael, that lets you out. As for Carolyn, I'm afraid the bad news is that there was only one of him, and no more.

If not for your father and the two of you, I would have gone anywhere with him, instantly. He asked me to go, begged me to go. But I wouldn't, and he was too much of a sensitive and caring person to ever interfere in our lives after that.

The paradox is this: If it hadn't been for Robert Kincaid, I'm not sure I could have stayed on the farm all these years. In four days, he gave me a lifetime, a universe, and made the separate parts of me into a whole. I have never stopped thinking of him, not for a moment. Even when he was not in my conscious mind, I could feel him somewhere, always he was there.

But it never took away from anything I felt for the two of you or your father. Thinking only of myself for a moment, I'm not sure I made the right decision. But taking the family into account, I'm pretty sure I did.

Though I must be honest and tell you that, right from the outset, Robert understood better than I what it was the two of us formed with each other. I think I only began to grasp its significance over time, gradually. Had I truly understood that, when he was face to face with me and asking me to go, I probably would have left with him.

Robert believed the world had become too rational, had stopped trusting in magic as much as it should. I've often wondered if I was too rational in making my decision.

I'm sure you found my burial request incomprehensible, thinking perhaps it was the product of a confused old woman. After reading the 1982 Seattle attorney's letter and my notebooks, you'll understand why I made that request. I gave my family my life; I gave Robert Kincaid what was left of me.

I think Richard knew there was something in me he could not reach, and I sometimes wonder if he found the manila envelope when I kept it at home in the bureau. Just before he died, I was sitting by him in a Des Moines hospital, and he said this to me: "Francesca, I know you had your own dreams, too. I'm sorry I couldn't give them to you." That was the most touching moment of our lives together.

I don't want to make you feel guilt or pity or any of those things. That's not my purpose here. I only want you to know how much I loved Robert Kincaid. I dealt with it day by day, all these years, just as he did.

Though we never spoke again to one another, we remained bound together as tightly as it's possible for two people to be bound. I cannot find the words to express this adequately. He said it best when he told me we had ceased being separate beings and, instead, had become a third being formed by the two of us. Neither of us existed independent of that being. And that being was left to wander.

Carolyn, remember the horrible argument we had once about the light pink dress in my closet? You had seen it and wanted to wear it. You said you never remembered me wearing it, so why couldn't it be made over to fit you. That was the dress I wore the first night Robert and I made love. I've never looked as good in my entire life as I did that night. The dress was my small and foolish memory of that time. That's why I never wore it again and why I refused to let you wear it.

After Robert left here in 1965, I realized I knew very little about him, in terms of his family history. Though I think I learned almost everything else about him—everything that really counted—in those few short days. He was an only child, both his parents were dead, and he was born in a small town in Ohio.

I'm not even sure if he went to college or even high school, but he had an intelligence that was brilliant in a raw, primitive, almost mystical fashion. Oh yes, he was a combat photographer with the Marines in the South Pacific during World War Ⅱ .

He was married once and divorced, a long time before he met me. There were no children. His wife had been a musician of some kind, a folksinger I think he said, and his long absences on photographic expeditions were just too hard on the marriage. He took the blame for the breakup.

Other than that, Robert had no family, as far as I know. I am asking you to make him part of ours, however difficult that may seem to you at first. At least I had a family, a life with others. Robert was alone. That was not fair, and I knew it.

I prefer, at least I think I do, because of Richard's memory and the way people talk, that all of this be kept within the Johnson family, somehow. I'll leave it to your judgment, though.

In any case, I'm certainly not ashamed of what Robert Kincaid and I had together. On the contrary. I loved him desperately throughout all these years, though, for my own reasons, I tried to contact him only once. That was after your father died. The attempt failed, and I was afraid something had happened to him, so I never tried again out of that fear. I simply couldn't face that reality. So you can imagine how I felt when the package with the attorney's letter arrived in 1982.

As I said, I hope you understand and don't think ill of me. If you love me, then you must love what I have done.

Robert Kincaid taught me what it was like to be a woman in a way that few women, maybe none, will ever experience. He was fine and warm, and he deserves, certainly, your respect and maybe your love. I hope you can give him both of those. In his own way, through me, he was good to you.

Go well, my children.
Mother

There was silence in the old kitchen. Michael took a deep breath and looked out the window. Carolyn looked around her, at the sink, the floor, at the table, at everything.

When she spoke, her voice was almost a whisper. "Oh, Michael, Michael, think of them all those years, wanting each other so desperately. She gave him up for us and for Dad. And Robert Kincaid stayed away out of respect for her feelings about us. Michael, I can hardly deal with the thought of it. We treat our marriages so casually, and we were part of the reason that an incredible love affair ended the way it did.

"They had four days together, just four. Out of a lifetime. It was when we went to that ridiculous state fair in Illinois. Look at the picture of Mom. I never saw her like that. She's so beautiful, and it's not the photograph. It's what he did for her. Just look at her; she's wild and free. Her hair's blowing in the wind, her face is alive. She just looks wonderful."

"Jesus," was all Michael could say, wiping his forehead with the kitchen towel and dabbing at his eyes when Carolyn wasn't looking.

Carolyn spoke again. "Apparently he never tried to contact her all these years. And he must have died alone; that's why he had the cameras sent to her.

"I remember the fight Mom and I had over the pink dress. It went on for days. I whined and asked why. Then I refused to speak to her. All she ever said was, 'No, Carolyn, not that one.' "

And Michael remembered the old table at which they were sitting. That's why Francesca had asked him to bring it back into the kitchen after their father died.

Carolyn opened the small padded envelope. "Here's his bracelet and his silver chain and medallion. And here's the note Mother mentioned in her letter, the one she put on Roseman Bridge. That's why the photo he sent of the bridge shows the piece of paper tacked to it.

"Michael, what are we going to do? Think about it for a moment; I'll be right back."

She ran up the stairs and returned in a few minutes carrying the pink dress folded carefully in plastic. She shook it out and held it up for Michael to see.

"Just imagine her wearing this and dancing with him here in the kitchen. Think of all the time we've spent here and the images she must have seen while cooking and sitting here with us, talking about our problems, about where to go to college, about how hard it is to have a successful marriage. God, we're so innocent and immature compared to her."

Michael nodded and turned to the cupboards above the sink. "Do you suppose Mother kept anything to drink around here? Lord knows I can use it. And, to answer your question, I don't know what we're going to do."

He rummaged through the cupboards and found a bottle of brandy, almost empty. "There's enough for two drinks here, Carolyn. Want one?"

"Yes."

Michael took the only two brandy glasses from the cupboard and set them on the yellow Formica table. He emptied Francesca's last bottle of brandy into them, while Carolyn silently began reading volume one of the notebooks. "Robert Kincaid came to me on the sixteenth of August, a Monday, in 1965. He was trying to find Roseman Bridge. It was late afternoon, hot, and he was driving a pickup truck he called Harry. ..."

Postscript: The Tacoma Nighthawk

As I wrote the story of Robert Kincaid and Francesca Johnson, I became more and more intrigued with Kincaid and how little any of us knew about him and his life. Only a few weeks before the book went to the printer's, I flew to Seattle and tried again to uncover additional information about him.

I had an idea that since he liked music, and was an artist himself, there might have been someone in the music and art culture of the Puget Sound area who knew him. The arts editor of the Seattle Times was helpful. Though he did not know of Kincaid, he provided me access to pertinent sections of the newspaper from 1975 through 1982, the period in which I was most interested.

Working through the 1980 editions, I came across a photo of a black jazz musician, a tenor saxophone player named John "Nighthawk" Cummings. And beside the photo was the credit line Robert Kincaid. The local musician's union provided me with Cummings's address, advising me that he had not played actively for some years. The address was on a side street near an industrial section of Tacoma, just off Highway 5 running down from Seattle.

It took several visits to his apartment before I found him at home. He was wary, initially, of my inquiries. But I convinced him I had a serious and benign interest in Kincaid, and he became cordial and open after that. What follows is a slightly edited transcript of my interview with Cummings, who was seventy at the time I talked with him. I simply turned on my tape recorder and let him tell me about Robert Kincaid.

Interview with "Nighthawk" Cummings

I was doin' a gig at Shorty's, up in Seattle where I was livin' at the time, and I needed a good black-and-white glossy of myself for publicity. The bass player told me there was a guy livin' out on one of the islands who did some good work. He didn't have a phone, so I sent him a postcard.

He came by, a real strange-lookin' old dude in jeans and boots and orange suspenders, takes out these old beat-up cameras that didn't even look like they'd work, and I thought, Uh-oh. He put me up against a light-colored wall with my horn and told me to play and keep on playing. So I played. For the first three minutes or so, the guy just stood there and looked at me hard, real hard, with the coolest blue eyes you've ever seen.

After a little while, he starts takin' pictures. Then he asks if I'll play "Autumn Leaves." And I do that. I play the tune for maybe ten minutes straight while he keeps banging away with his cameras, takin' one shot after another. Then he says, "Fine, I've got it. I'll have them for you tomorrow."

Next day he brings them by, and I'm knocked over. I've had a lot of pictures taken of me, but these were the best, by far. He charged me fifty dollars, which seemed pretty cheap to me. He thanks me, leaves, and on his way out asks where I'm playin'. So I tell him, "Shorty's."

A few nights later, I look out at the audience and see him sittin' at a table off in the corner, listenin' real hard. Well, he started comin' in once a week, always on a Tuesday, always drank beer, but not much of it.

I sometimes went over on breaks and talked with him for a few minutes. He was quiet, didn't say a lot, but real pleasant, always asked politely if I'd mind playin' "Autumn Leaves."

After a while we got to know each other a little. I used to like to go down to the harbor and watch the water and ships; turns out, so did he. So we got to the point we'd sit on a bench for whole afternoons and talk. Just a couple of old guys winding it down, starting to feel a little irrelevant, a little obsolete.

Used to bring his dog along. Nice dog. Called him Highway.

He understood magic. Jazz musicians understand it, too. That's probably why we got along. You're playing some tune you've played a thousand times before, and suddenly there's a whole new set of ideas coming straight out of your horn without ever going through your conscious mind. He said photography and life in general were a lot like that. Then he added, "So is making love to a woman you love."

He was workin' on somethin' where he was tryin' to convert music into visual images. He said to me, "John, you know that riff you almost always play in the fourth measure of ‘Sophisticated Lady’? Well, I think I got that on film the other morning. The light came across the water just right and a blue heron kind of looped through my viewfinder all at the same time. I could actually see your riff while I was hearing it and hit the shutter.”

He spent all his time on this music-into-images thing. Was obsessed by it. Don’t know how he made a living.

He never said much about his own life. I knew he’d traveled a lot doing photography, but not much more until one day I asked him about the little silver thing he had on a chain around his neck. Up close, I could see the name Francesca on it. So I asked him, “Anything special about that?”

He didn’t say anything for a while, just stared out at the water. Then he said, “How much time do you have?” Well, it was a Monday, my night off, so I told him I had as much as it took.

He started talkin’. It was like a faucet got turned on. Talked all afternoon and most of the night. I had the feelin’ he’d kept this all inside of him for a long time.

Never mentioned the woman’s last name, never said where it all took place. But, man, this Robert Kincaid was a poet when he talked about her. She must’ve really been something, one incredible lady. Started quotin’ from a piece he’d written for her—something about Dimension Z, as I recall. I remember thinking it sounded like one of Ornette Coleman’s free-form improvisations.

And, man, he cried while he talked. He cried big tears, the kind it takes an old man to cry, the kind it takes a saxophone to play. Afterward, I understood why he always requested "Autumn Leaves." And, man, I started to love this guy. Anyone who can feel that way about a woman is worth lovin' himself.

So I got to thinkin' about it, about the power of this thing he and the woman had. About what he called the "old ways." And I said to myself, "I've got to play that power, that love affair, make those old ways come out of my horn." There was somethin' so damn lyrical about it.

So I wrote this tune—took me three months. I wanted to keep it simple, elegant. Complex things are easy to do. Simplicity's the real challenge. I worked on it every day until I began to get it right. Then I worked on it some more and wrote out some lead sheets for the piano and bass. Finally, one night I played it.

He was out there in the audience; Tuesday night, as usual. Anyway, it's a slow night, maybe twenty people in the place, nobody payin' much attention to the group.

He's sittin' there, quietly, listenin' hard like he always did, and I say over the microphone, "I'm gonna play a tune I wrote for a friend of mine. It's called 'Francesca.'"

I watched him when I said it. He's starin' at his bottle of beer, but when I said "Francesca," he slowly looked up at me, brushed back his long gray hair with both hands, lit a Camel, and those blue eyes came right at me.

I made that horn sound like it never had before; I made it cry for all the miles and years that separated them. There was a little melodic figure in the first measure that sort of pronounced her name—"Fran ... ces ... ca."

When I finished, he stood real straight by his table, smiled and nodded, paid his bill, and left. After that I always played it when he came by. He framed a photograph of an old covered bridge and gave it to me for writin' the song. It's hangin' right over there. Never told me where he took it, but it says "Roseman Bridge" right below his signature.

One Tuesday night, seven, maybe eight years ago, he doesn't show. He's not there the next week, either. I think maybe he's sick or somethin'. I start to worry, go down to the harbor, ask around. Nobody knows nothin' about him. Finally, I take a boat over to the island where he lived. It was an old cabin—shack, really—down by the water.

While I'm pokin' around, a neighbor comes over and asks what I'm doin'. So I tell him. Neighbor says he died about ten days ago. Man, I hurt when I heard that. Still do. I liked that guy a lot. There was somethin' about that cat, somethin'. I had the feelin' there were things he knew that the rest of us don't.

I asked this neighbor about the dog. He doesn't know. Said he didn't know Kincaid, either. So I call the pound, and sure enough they've got old Highway down there. I go down and get him out and gave him to my nephew. The last I saw of him, he and the kid were having a love affair. I felt good about that.

Anyway, that's about it. Not long after I found out what happened to Kincaid, my left arm started going numb when I play for more than twenty minutes. Something to do with a vertebra problem. So I don't work anymore.

But, man, I'm haunted by that story he told me about him and the woman. So, every Tuesday night I get out my horn, and I play that tune I wrote for him. I play it here, all by myself.

And for some reason I always look at that picture he gave me while I play it. Somethin' about it, don't know what it is, but I can't take my eyes off that picture when I play the tune.

I just stand here, about twilight, makin' that ol' horn weep, and I play that tune for a man named Robert Kincaid and a woman he called Francesca.